云南

时光停留的地方

Where time stopped
YunNan

《图行世界》编辑部　编著

中国旅游出版社

目录 Contents

云南，你一定要做的事情 TOP10

读懂云南的 21 个文化符号

赏趣地道云南

开满鲜花的春城

大理，一路向北

滇西记忆

如果你也去双廊

四季
走云南

四季推荐
春季
Spring

TOP1 罗平油菜花

TOP1 | 罗平油菜花

罗平的油菜花已经成为春天的象征景观，即便有粉色的桃花、雪白的梨花或者海棠、杜鹃，也丝毫没有夺去罗平油菜花海的风头。这一带特有的喀斯特地貌、丘陵式起伏地形都让黄色的油菜花海有起伏的节奏和变化，而非平铺直叙、一望无际的单调。

TOP2 | 元阳梯田

经历了收割季节的元阳梯田如今只剩下波光粼粼。这个时候梯田最易看到云海，在光照下，水面泛着缤纷的色彩，云雾若有似无，虚无缥缈，梯田弯曲盘旋的线条清晰可见。如果幸运的话，春节前后，满山的野樱花、野桃花、野木棉花竞相绽放，神气壮丽。

TOP3 | 湖畔观鸥

每逢冬春之交，温暖的春城昆明就会迎来一批来自西伯利亚的海鸥，它们有着雪白的羽毛和红色的嘴和脚，成群结队地在所有的水域上飞翔。因为有它们的存在整个城市都显得灵动而又生机盎然。市中心的翠湖是人鸥嬉戏的主要场所，但海埂坝因水域开阔，所以集中了更多的海鸥和游人。

TOP4 | 腾冲

春天的腾冲，当北国还是寒风料峭之时，这里早已油菜花开，桃之夭夭，在春日暖暖的阳光里，泡泡温泉，逛逛油菜花掩映下的顺和，去高黎贡山徒步远足，坐着热气球俯视遍地的锥形火山，或者在4、5月份，北海湿地中的鸢尾花盛开时，乘着小船，顺着水道，在湿地中漫游。

TOP5 | 玉龙雪山

玉龙雪山终年积雪，集亚热带、温带及寒带的各种自然景观。春日里，登上海拔3000米处的云杉坪，背景是终年积雪的主峰扇子陡，云杉环绕如黛，郁郁葱葱，草地翠绿欲滴。在这里能看到集云杉、绿草、蓝天、白雪的美丽雪山。

TOP2 元阳梯田

TOP3 湖畔观鸥

TOP4 腾冲

TOP5 玉龙雪山

四季推荐
夏季
Summer

TOP1 苍山玉带路

TOP1 | 苍山玉带路

这是一条宽 2 米，长约 18 公里的青石板的小路，因似玉带环绕在苍山腰间而得名。玉带路起于苍山马龙峰，止于应乐峰，其间穿起了沿途的许多个风景点。盛夏时节，徒步其间，满目苍翠间有微风拂面，举目远眺似乎能心领神会到金庸笔下《天龙八部》中的侠气。

TOP2 | 双廊

这里已经是各种都市白领、小资们的度假胜地，也是洱海东岸观山观湖的最佳位置。在海景房里坐看云起或骑车环湖都让人身心放松而又愉悦，尤其是在别处酷热难耐的夏天，这里依然是早晚温差大的春天。

TOP3 | 沙溪古镇

沙溪作为茶马古道上的一个驿站，作为这条古道上仅存的古集市，沙溪寺登街最大限度地保存了原有风貌，这个环绕在青山绿水之中的古镇，虽然规模比不上大理、丽江，但依然存有古戏台、古马店、古店铺、古寺庙、古寨门、古四方街。

TOP4 | 虎跳峡

作为世界著名的大峡谷，虎跳峡分为上、中、下三段。在玉龙、哈巴两座雪山的挟持下奔流向前的江水，在 6、7 月的雨季呈现出最为气势恢宏的景观。全长 18 公里的峡谷垂直高差 3790 米，江流最窄处仅有 30 米。峡内礁石林立，有险滩 21 处，高达十来米的跌坎 7 处，瀑布 10 条。

TOP5 | 元谋土林

赭黄色的土地、水流冲刷而成的造型各异的山地，苍凉、神秘，置身其间恍然有种时光倒流的错觉。夏季，毫无遮掩的天空，强烈的日光下，那种天地苍苍的感觉更加强烈。清晨或者黄昏的光影中，同样的一片土丘竟给人完全不同的想象。

TOP2 双廊

TOP3 沙溪古镇

TOP4 虎跳峡

TOP5 元谋土林

四季推荐
秋季
Autumn

TOP1 梅里雪山

TOP1 | 梅里雪山

在藏地民族的精神世界里，卡瓦格博有着神的力量。卡瓦格博终年处在云雾缭绕之中，一旦从云雾中显露出来，尤其是太阳升起时，整座雪山呈现出神圣而又令人震撼的美。秋天天气晴好的时候较多，所以是观山最佳的时节。

TOP4 | 雨崩村

这座三面被雪山环抱的小村庄至今依然没有公路与外界相通，保持着一种遗世独立的美。每年10～11月，山里的树木已经层林尽染，山花争奇斗艳，进山的路上不论神迹还是美景都令人陶醉。三面雪山下，民居黛瓦白墙，田地里一片金黄，雪山融化成溪水围着山村潺潺流过。

TOP2 | 怒江大峡谷

被碧罗雪山和高黎贡山挟持的怒江终年奔腾不息，怒江峡谷被称为东方最长、最神秘、最险奇和最原始古朴的大峡谷，被《中国国家地理》评为"中国最美的十个峡谷"之一。清晨，雾气还未消散，沿江而行，峡谷如一幅中国水彩画缓缓展开。

TOP5 | 银杏村

秋天来临，腾冲这个种满银杏的村子被黄色的银杏叶环抱，高大茂盛的银杏树冠下，村庄宁静、安详、炊烟袅袅，处处美景、景景入画。金黄的银杏树上挂满果实，质朴的民居、火山石堆砌的矮墙、弯曲的村中小巷相映成景，这是银杏村一年中最热闹的时节。

TOP3 | 东川红土地

因为土壤中富含铁、铝等成分，加之高温多雨，云南的土壤发育成红色，因此有了"红土地"这一别称。每年9～12月，红色土地上因为绿色、黄色的农作物而呈现出斑斓的色彩，远处的蓝天白云更把这一景色映衬得壮美而迷人。

TOP2 怒江大峡谷

TOP3 东川红土地

TOP4 雨崩村

TOP5 银杏村

四季推荐
冬季
Winter

TOP1 拉市海

TOP1 | 拉市海

冬天，这片湖水就成了候鸟越冬的地方，许多珍稀品种都集中在这片水域里。候鸟们大概是看中了这里的宁静，环湖一圈人烟稀少，水草丰美，每年57种，3万多只候鸟迁徙至此直到第二年春天。它们的到来为冬天的拉市海增添了活力，也为冬天的旅游者增加了观鸟的项目。

TOP4 | 建水古城

刚刚被评为"中国最美古城"的建水，不仅是一座有着1170年历史的古城，还有着深厚的儒学渊源。清代所建的四个书院已有1170多年的历史。众多的古建呈现了这一丰厚的文化积淀。朝阳楼、孔庙、古井、朱家花园、团山无不成为建水的亮点，而冬季的建水气温适中、空气宜人。

TOP2 | 勐景来

这个紧邻打洛江的寨子，被誉为中老边境第一寨，是一座典型的傣族传统村寨，不论建筑、习俗和日常起居都延续着傣家传统。寨子为旅游者特设了各种展现传统手工的摊位，生动地呈现傣文化的精妙与审美情趣。冬季是西双版纳的旱季，也是最宜出游的时节。

TOP5 | 勐腊望天树·阿莲雅雨林公园

这片拥有"林中巨人"望天树的原始森林，以空中走廊而被人们所向往。而穿越南腊河，换一个角度看热带雨林则是另外的情趣。实景歌舞表演《阿莲雅传奇》，将影视作品与自然山水完美融合。当北方万里冰封的时节，这里温暖如春，绿荫如盖。

TOP3 | 阿佤山云海

冬春清晨，阿佤山云雾弥漫山谷，逶迤百里，气势磅礴。尤其是早晨红日东升，会呈现出七彩的景象，仿佛佛光。白色的云雾，时而如轻纱缭绕，时而似波涛翻滚的海浪，时而又像瀑布直泻江河。云开雾散之后阿佤山龙竹、梯田、青松、芭蕉树和竹楼村寨清新秀丽。

TOP2 勐景来

TOP3 阿佤山云海

TOP4 建水古城

TOP5 勐腊望天树·阿莲雅雨林公园

序　　　　　人人向往的地方

"彩云之南"是人人向往的地方

　　位于中国西南边陲的云南，有着"彩云之南""七彩云南"之称。这片曾因"云彩"而令人们记住并神往的高原，其实有许多不为人们所知的美。

　　从自然景观来看，三江并流荡气回肠的壮美，梅里雪山的神秘力量，石林、土林、彩色沙林的自然神功，都是地球演化史上最精彩的符号。茶马古道所代表的古老的贸易与流通，无意间完成了不同民族、不同文化在这片土地上的交融与嬗变，是滇文化史上最引人注目的文化之旅，也是人类从地球的回归线到第三极的一次艰难而辉煌的跨越。滇西北武侠风骨的大理、柔软时光的丽江、人人向往的香格里拉总让人流连，滇西

的腾冲热海、和顺古镇、火山玉石被一部《我的团长我的团》带热。滇南的原始森林里总有令人惊艳的奇花异草和傣家人的轻歌曼舞，而滇东南则是云南最早对外铺设铁轨的地区，如今还保留了碧色寨这样的古迹记录这段历史，也有建水古城、世外桃源的坝美这般安详、静美的地方。而"四季如春"的省会城市昆明自然是旅人中转和必经之处，鲜花、海鸥、西山落日、世博园的花卉都是这里不可错过的景致。云南的美食则是它另一道独特的风景，雨季的食用菌绝对无二，过桥米线、气锅鸡曾是西南联大时期的作家汪曾祺笔下的那一道美味。此外，还有更多的手工艺品，不同的人会有不同的发现与欣喜。

情报快递

在这块偏居西南一隅的土地上，有着变幻莫测的云彩、四季如春的气候、遗落于岁月尘烟的历史，但更有令人炫目的民族风俗和丰富多彩的自然美景。

地理 001

这片土地的丰饶得益于这里奇特的地理环境

从地图上看，云南地图的轮廓也酷似一只雄鸡，这个偏居西南的"雄鸡"地处云贵高原上。千万年前，地球的一次板块运动，印度洋板块和欧亚板块的猛烈冲撞，造就了东西走向的喜马拉雅山脉突然转而为南北走向。由此，云岭山脉、怒山山脉和横断山脉挟怒江、金沙江和澜沧江奔流直下，成为地球上绝无仅有的"三江并流"的奇特景观。这些处于云南西北部的高山大江也成为云南的骨架，由北至南海拔一路走低，海拔从6740米降到76.4米，其间密布着河流、雪山、草甸、原始森林、湖泊，还有许多被称作"坝子"的平地，人们就生活其间，享受着自然

赐予人类的丰富的水利、矿产、动植物、有色金属等资源。

这片土地的丰饶当然得益于这里奇特的地理环境，由此也形成了这个面积为39.4万平方公里的省份的气候条件，一省之内兼有寒、温、热三个气候带的特征，因此，也就让这里的农作物异常丰富。5℃～24℃的年平均气温，当北方还在银装素裹之时，这里的大部分地区已是鲜花盛开，温暖如春。但气温多变也是这里的另一个特征，所谓"一天有四季，四季不同天"，也就形成了"四季衣裳同穿戴"的怪现象。

历史 002

云南陆军讲武学校是中国近现代史上重要的一点

中国历史中在讲述云南这个部分的时候，总会提及云南元谋猿人，他几乎与北京的山顶洞人一样古老和神秘。可是，在中国历史中，直到唐朝之前，关于云南的信息都被遗忘。这多少与元初蒙古势力进入云南后，这里曾经发生过类似于秦时"焚书坑儒"的事件，造成滇历史的断裂有关。自汉时"庄蹻入滇"之后，这个西南的"滇国"就神秘地消失了，仅有一枚滇王金印和一些工艺直追汉地的青铜器物留给了后世一点点若隐若现的线索。

"……汉习楼船，唐标铁柱，宋挥玉斧，元跨革囊，伟烈丰功，费尽移山心力……"

清朝一位叫孙髯翁的云南官员写就了一副180字的对联，上联描述了昆明的地理，下联则记述了云南的历史。这副著名的长联至今仍悬挂在滇池边的大观楼上，让后世有可能记住并了解那些远去的，或者已不复再现的景致与历史。

在长联里，"唐标铁柱"这四个字描述的是李唐王朝与大理国之间的那段历史。这大概也是中国历史中，有关云南部分里最为重要的片段。当时，唐朝的势力与这个发端于洱海边的大理国和更北一些的吐蕃，一同形成了"三足鼎立"之势，不断在对峙与和解中相互依存，和平共处。直至宋朝开国之初，国力衰弱，只好划江而治，以大理国为代表的滇再次被划定在以中原为主的中央集权的版图之外，与宋形成一种松散的、以物资流通与交换为主的关系。

然而，元朝蒙古势力真正掀开了云南与中原的历史新篇章。那个被忽必烈委以重任的赛赤典，第一次真正代表中央集权的旨意对云南进行了管理，云南成为元朝的一个行省，也是第一次被写进了中央集权的版图中。由此，明清之后，云南与内地的关系越来越紧密，首先是明初汉人的迁入，从人口结构上改变了原有的土著居民的主导地位；其次，大量的屯军也带来了先进的文化和生产技术。然而，明末清初那场大规模的农民起义使云南这个原来的边陲之地瞬间演变成朝代更迭的重要舞台。曾镇守北边关隘的吴三桂退守昆明，成为"平西王"，从而令今天的昆明留下了许多与他相关的地名、遗址和古迹。

在近现代历史中，护国运动、远征军、飞虎队、西南联大这些关键词，都让云南成为中国历史的重要地名，进入人们的视野。

大观楼长联的下联讲述的就是云南的历史

气候 **003**

四季皆宜旅行便是云南的气候特点

云南地势西北高东南低，从梅里雪山卡瓦格博峰海拔 6740 米到中越边境的河口海拔 76.4 米，落差 6000 多米，横断山又阻隔了东西气流，形成了云南多变而又丰富的气候特征。在云南四季中，春天是最适宜看花的季节，不同的地区有不同的花卉品种，而且都是那种满山遍野的开放，仅规模就已令人震撼。夏季到来，充沛的雨水会让高原的景致多了一份灵动。秋天应该是这里的自然色彩最为丰富多变的季节，高山峡谷也因植被色彩的变化而有了别样的魅力。冬季因其他地区的冷，而更显示出云南温暖的优势，所以一年四季到云南不仅可以看到不同的风景，还可以避暑避寒。四季皆宜旅行便是这里的特点。

区划 004

滇西北的丽江是云南最具影响力的地方

　　以习惯性的区划分布来说，滇中地区指的是以昆明为中心的位于云南中部的楚雄、玉溪等地区；滇西北地区是指大理、丽江、迪庆，现在是云南最具影响力的旅游带；滇西则以保山腾冲、德宏芒市为主要的旅游区；滇西南则重点在以西双版纳为主的傣族地区，热带亚热带气候使这里形成了独特的动植物和民族习俗；滇东南一带在相当长的时间里都不被认识，这里与越南接壤，红河州、文山州分布着民族和文化历史遗迹。滇东北则隐藏着当年汉武帝派庄蹻入滇的线路，也是珠江的源头所在地。

民族　　　　　　　　　　　**005**

花腰傣有着摇曳的身姿、绚丽的服饰

　　众多的少数民族是云南被称为"彩云之南"的主要原因之一，令人炫目的民族服饰、习俗、精神崇拜、建筑风格、生活方式，还有目不暇接的节日庆典都是吸引旅行者的元素。中国有 56 个民族，云南就有 26 个，其中以彝族、傣族、白族、纳西族为主；另外，独龙族、怒族、傈僳族、景颇族、佤族及苦聪人（拉祜族）都是云南独有的少数民族和族群。他们中又有繁多的分支，有的还有自己的文字，记录着自己的历史，以及形成了独特的民族文学风格，还有与现行公历十分相近的历法和自己的医学成就，这些都是少数民族文化中最为丰富的部分。

交通 006

公路交通是云南最重要的交通方式

旅游业的发展促进了云南的航空业，因为地处高原，进出云南多需经过山区，所以航空是最为便捷的交通方式。以昆明长水国际机场为主的云南航线不仅通往全国各大中小城市，还辐射了东南亚地区。云南省内的航线多集中在滇西北、滇西和滇西南的旅游城市。因山路崎岖，铁路在云南省不是最为方便的旅行交通方式，进出云南仅有三条铁路线，如今省内的铁路线也极少，除了较早修建的红河境内的铁路外，主要是从昆明开往大理、丽江的省内铁路线。

公路交通应该是云南省内最重要的交通方式，基本覆盖了全省的村镇，主要的旅游地区都有高速公路相通，虽山路较多，但已经十分方便了。但雨季是公路交通最大的隐患，而长途旅行也比较辛苦。

双廊

云南，你一定要去的地方 TOP10

　　梅里雪山、元阳梯田、腾冲和顺、元谋土林或者小资丽江，即便你还没来得及踏上这片土地，但一定有几个地名是你耳熟能详的，它们究竟有什么独特之处令世人蜂拥而至？套用一句广告语：必有一地适合你，这就是云南。

TOP1 | 梅里雪山

从地理的角度来说，梅里雪山的卡瓦格博无疑是云南的最高峰，但从民俗文化的角度来说，这座至今未被人类征服的雪山是藏地民族的精神之所。在藏传佛教里，卡瓦格博被赋予了神的力量，也成为一个象征，藏传佛教的信众和苯教徒用转山的方式来表达对这座神山的膜拜，以及为来世修行。除了信仰的原因外，这座雪山在从云雾中露出山峰或被日光照射的那些瞬间，的确也有着令人震撼的美。

TOP2 | 风花雪月大理

大理，对于金庸迷来说，是一个武侠的世界；对于旅行者来说，则是风花雪月之所。苍山的十九峰上积雪尚未消融，山茶花已经在古城民居的庭院里盛开，风从洱海边吹过，无数的文艺青年从全国各地聚在了人民路的酒吧、双廊的客栈。从某种意义上来说，大理已经是一个各种文化汇集的驿站。

TOP3 | 小资丽江

丽江这座滇西北小城，最早仅是纳西人的安身之所。以玉龙雪山为背景的四方街有几分江南水乡的风韵，如今，小资们已经成功地将四方街和束河改造成贴合他们口味的去处，当青石板路面、小桥流水、四合院落充斥着流行音乐、灯红酒绿、青春逼人的俊男靓女时，这里也被视作"艳遇"之地。雪山、云彩、高原上永远不缺的明丽的阳光为这一切的发生提供了最好的场景。

TOP4 | 腾冲和顺

在徐霞客的笔下，这里被称作"极地边城"，再往前便是异邦。就是这样的地理位置成就了这里的玉石生意，也成就了远征军的往事。当玉石和远征军都成为它的关键词之后，旅行者在这里能看到的是一座宁静恬淡、远离尘世的优雅小镇——和顺。除此之外，温泉、火山、湿地也是不该错过的。

TOP5 ｜ 橄榄坝

　　傣族是云南省一个主要的少数民族，主要聚居在云南滇西南地区，有独特的文化和生活习俗，干栏式民居建筑也是民居建筑中的一个重要分类。西双版纳的橄榄坝原是一个傣族自然村，现在则已成为旅行者进行傣家生活体验的重要去处，尤其是在傣族的开门节期间。

TOP6 | 怒江大峡谷

怒江大峡谷属于三江并流的一部分，碧罗雪山和高黎贡山挟怒江而延展，峡谷在云南段长达 300 多公里，平均深度为 2000 米，形成了这个世界上最长、最神秘、最险奇和最原始古朴的东方大峡谷，曾被《中国国家地理》评为"中国最美的十个峡谷"之一。清晨，雾霭还未消散，沿江而行，峡谷如一幅中国水彩画缓缓展开。

TOP7 | 东川红土地

云南另有"红土地"之称，这是因为土壤中富含铁、铝等成分，又因高温多雨而发育成红色的土壤。在东川方圆近百里的区域内，是云南红土地最为集中、典型的地区，尤其是每年的 9 ~ 12 月，红色土地上的绿色或黄色的农作物像一块斑斓的画布，在蓝天白云的陪衬下十分壮美。

TOP8 | 罗平油菜花

　　夺目的黄色是关于春的讯息，也是游人蜂拥而至的动因。当油菜花这种不算名贵，甚至起初并非用来观赏的花朵开满整个田间地头时，略有起伏的田野便成为一种独特景致。在和煦的春风中，从千篇一律的城市水泥建筑中抽身而来的人们，流连其间，取景拍照，只为让这一风景更久地留在自己的记忆里。油菜花海也就成了田园风光的另一个注脚。

TOP9 | 元阳梯田

　　可以肯定的是，哈尼族人的祖先在山坡上开垦田地并不是为了审美，而只是因地制宜。但千百年之后，当外地人闯进这片土地时，立刻被这种依山势层层叠叠展开的梯田吸引住了，尤其是春耕时节，充分灌溉过的梯田在阳光的照射下波光粼粼，清晨的雾气飘浮其上，更增加了画面的美感。于是，更多为了用镜头记录这一奇观的发烧友纷至沓来。

TOP10 | 元谋土林

　　其实，这不过是水土严重流失而形成的一片荒芜，然而，它却有着极强的镜头表现力。赭黄色的土地、水流冲刷而成的造型各异的山地，苍凉、神秘，置身其间，恍然有种时光倒流的错觉。在清晨或者黄昏的光影中，同样的一片土丘竟给人完全不同的想象。

云南，你一定要做的事情 TOP10

　　这片土地有太多美景冲击我们的眼球，有太多民俗吸引我们的目光，有太多阳光照射我们的心灵，从小桥流水人家，到大山大河山川；从白雪皑皑的雪山，到浓密繁盛的丛林；从独具特色的民俗，到全民狂欢的节庆。这片土地有太多事情等待我们去发掘、去尝试、去品味，让我们从现在就开始吧！

TOP1 | 找个地方看云

　　在西南联大做过教授的沈从文写过一篇散文《云南看云》：云南是因云而得名的，可是外省人到了云南一年半载后，一定会和本地人差不多，对于云南的云，除了只能从它变化上得到一点晴雨知识外，就再也不会单纯地来欣赏它的美丽了。云南地处边陲，大抵也就是这个原因让这里的生活节奏慢于其他大中城市，加上所谓的"彩云之南"，云彩的变化出奇的多也就是这个名称的来历。慢节奏原本就是最适合用来看云的，所以，看云起云涌必是到云南该做的事，别学了那些久居的人，早已忘了头上的一方天空中的精彩。到了云南，随便找个什么地方，都是看云的好去处。

TOP2 ｜去翠湖喂红嘴鸥

到昆明过冬的红嘴鸥已经成了一景，且是这座城市最动感与亮丽的风景。冬天来临，这群来自西伯利亚的候鸟便如期而至，而城里有水的地方就有它们玲珑可爱的身影，通体雪白，但尖尖的嘴和两只脚丫却红得娇艳欲滴。在艳阳高照的昆明冬天去喂红嘴鸥是一项赏心又愉悦的户外活动，试想此时的北方已经千里冰封万里雪飘。只是千万别没有节制地喂食，因为它们常常不知道什么时候已经饱了。虽然，海埂公园或者其他有水的地方也有成群结队的海鸥，但翠湖则应是其中的首选，因为这里地处市中心，而且风景这边独好。

TOP3 ｜去西双版纳淘一块普洱茶

普洱茶突然就出名了，并且被冠以"可以喝的古董"的雅号。其实云南种茶、饮茶的历史可追溯得很远，只是茶原本是一方水土与一方人的交融，于是，这种长相粗笨的大叶子茶只被方圆几百里地的人所识得，南及东南亚一带，北至西藏、青海。茶马古道的开通以及这种茶耐泡且味厚，尤其是茶多酚中的含量可以用来消解肉类的油腻，再经长期的运输，茶叶在潮湿、闷热的环境被自然发酵后获得了平原地区所不可能企及的特殊的口味。因当时产茶地的西双版纳归属普洱府，于是将这种当地称作"七子饼"的砖茶称作普洱茶，以后也就误以为产地在普洱。的确，长时间存放的普洱茶饼会散发出一种"陈香"，茶汤的醇厚也如甘饴。西双版纳的易武仍然是普洱茶的交易地，或许在那里你可以寻到你最心仪的一块茶饼。

TOP4 | 去斗南花市买花

  云南十八怪里有一怪是"四季鲜花开不败"，昆明也就成了鲜花港口，每天从这里出港的鲜花送往全国各地的市场，再到家庭的客厅、宾馆的大堂、会议厅等，昆明的斗南就是这个港口。这里最早是以种花出名，现在产、供、销一条龙，从清晨到日落前，这里都被鲜花所占据，从鲜花到干花，从中国到国外的品种，从最大众的玫瑰到最稀缺的郁金香满目皆是，最令外地人大跌眼镜的是，这里的鲜花不是按枝卖，而论斤。来到这里你不买一捧鲜花带走都不可能，因为你早就已经蠢蠢欲动了。

TOP5 | 品一回山珍

  滇味没能跻身八大菜系不是完全没有理由的，除了"气锅鸡"一般就没有什么特别让人印象深刻的大菜。但说到食用菌，云南则是占据着绝对的地理优势，据统计，能食用的菌百分之五六十都在云南，所以每年雨季来临，云南的大小菜场就开展野生食用菌的销售大战。从珍贵且稀有的松茸到极普通的鸡油菌，这个季节都会成为家庭餐桌的主角，至于各大饭店餐馆更是把新鲜的菌类赫然写在菜单的最前面，当然价格也随着这些年人们对菌类的追捧而不断上扬。但是，只有亲口品尝一次这种长在深山，唯有雨季来临才肯从地里冒出头来的野生菌，你才能说真正品尝过山珍。

TOP6 ｜吃一次正宗的米线

　　米线是一种用米为原材料做成的食材，状如广西的米粉，也似广东的河粉，但云南的米线更似一根细线，所以形象地称为米线。现在全国各地都有卖过桥米线的小吃店，但显然都不如云南本地的正宗且美味。一份极品的过桥米线，除了被视为"灵魂"的那碗鸡汤，仅配料也多达十几种，不过最有代表性的要数滇东南蒙自的菊花过桥米线，这里不仅是西南联大文史部的分校址，同时也是云南过桥米线的真正发源地。除了过桥米线外，米线的吃法还有很多，小锅米线、臭豆腐米线、豆花米线、凉米线……除了食材相同，烹饪的方法却不尽相同外，自然口味也千差万别，吃上一个星期也未必会有重复的。

TOP7 ｜去大理追逐武侠梦

　　大理虽然以风花雪月闻名，但在很多人的记忆中，大理却是那个金庸笔下的段氏家族，那个与武侠有关的古国。也难怪，金庸先生早些年就被大理政府授予了"大理荣誉市民"的称号。登上大理古城背后的苍山，远眺洱海，徒步白云环绕的玉带路，果真有种武侠之风。其实，大理不只有武侠梦，还有白族的三道茶、炸乳扇，双廊的清风明月和人民路上的各路文艺青年的小店。总之，这是一个能让你静下来，慢下来，也有无尽回味的地方。

TOP8 | 在丽江寻找艳遇

雪山、古城、小桥流水人家、古乐老者现在已经不再是丽江的标签，"艳遇"已经成为那些乘周末最后一班飞机到达再乘周日最后一班飞机离开的小资们去丽江的理由。束河的夜生活、雪山脚下的"丽江印象"、拉什海边的泛舟，的确是与丽江的一场"艳遇"，即便是独自前往，你也不会在这个人潮涌动的古城或者人迹罕至的雪山感到寂寞，丽江就不是一个寂寞的去处，而一个消解寂寞的地方。

TOP9 | 去和顺寻找一段逝去的记忆

数部以远征军为背景的电视连续剧的热播，让和顺成为云南旅游的一个新亮点。虽然，腾冲热海、火山、玉石都已经深入人们对于这个极地边城的印象，但和顺却在 1944 年这个特定的历史背景下脱颖而出。这座由背井离乡的和顺商人建筑起来的中西合璧的小村子，有的不仅是博物馆里呈现出来的那段历史，还有中国对于"乡土中国""耕读传家"的全部记忆。那种记忆足以温暖那些在工业和后工业时代丧失了家园的痛楚的心灵，在这里，你一定会安静地享受一段时光。当然不要忘了顺便去不远处的国殇墓园，向那些为国捐躯的先烈们表达我们的哀思。

TOP10 | 转一次梅里雪山

那一次震惊世界登山界的梅里中日联合登山队的山难事件，不仅让世界认识了梅里雪山，也让这座在藏族民众心目中的神山成为中国第一座被禁止攀登的山峰。尽管此前，人类已经成功地登上了世界最高的珠穆朗玛峰。被藏传佛教视作神山的卡瓦格博在信众的心里不是一座自然山，而是他们心中的圣境，而环绕这座神山的大转和小转的道路也因被许多的高僧大德的加持，更加具有非凡的力量。"转经路上的艰辛，轮回路上的幸福。"在藏族民众心目中，只有此生不断地修持朝圣，才能赢得来生的幸福。即便放下这些宗教信仰不谈，这座海拔 6740 米的雪山在蓝天之下也确有一种非凡的魅力，而转山则是更为深入地了解这座山的故事和生活于此的人民。

读懂云南的 21 个文化符号

"一方水土养一方人"，地方的文化符号是我们去识判这一地区的密码，是打开这一方水土的密钥，是进入这一方天地的通道，读懂它就读懂了这里的山水和人。

普洱茶 **001**

普洱茶冲泡后呈褐红色，口感回味悠长，有一种经历了长途跋涉后的土腥味儿

茶的饮用在中国人的生活中是一种日常的需求，同时也作为一种文化而被加以传播和研究。在以中原文化为主导的茶文化中，长期以来都忽略了云南的茶，其实云南的26个民族都有饮茶的习惯，但茶的制作和饮用方法却大相径庭。酸茶、烤茶、三道茶、甜茶、酥油茶等，每个地区不同的民族，因其居住的环境和条件而形成了不尽相同的饮茶方式。比如生活在高寒地区的迪庆藏族，因为缺少新鲜蔬菜和水果，以牛羊肉为主要饮食，茶叶是用来补充身体缺乏的维生素之需，帮助人体保持酸碱平衡，溶解脂肪，促进消化。

他们所饮用或者用来作为酥油茶的原材料就是现在闻名遐迩的普洱茶。

地处滇西南西双版纳的攸乐、革登、倚邦、莽枝、蛮专、慢撒为普洱茶的六大古茶山，这里产出的茶叶经过采摘、拼配、蒸熟，压制成饼状，为了运输方便，通常是七个饼为一摞捆扎在一起，所以普洱茶还有一个名字叫作"七子饼"。这些经过加工的茶叶从西双版纳出发，要经过热带的西双版纳、亚热带的普洱，再经过温带气候的大理、丽江，最终到达高寒冷的迪庆地区，整个行程穿越了横断山脉，在漫长的运输途中，茶叶在不同的气候条件下，在长

好山好水才能孕育出好茶

达三个月的旅行中经过了再次的自然发酵过程，完成了从生茶到熟茶的转变，这就是后来备受追捧的、汤色红如葡萄酒的熟普洱，口味独特的"熟茶"。然后，运往中国西藏、印度等地。熟普洱冲泡后呈褐红色，颜色深而清亮为最佳，普洱茶的口感有种经历了长途跋涉后的土腥，温润的茶水在口腔中回味悠长。

在陆羽的《茶经》中并没有关于普洱茶的记述，而且从某种意义上来说，普洱茶与《茶经》中所记载的十大名茶，以及与此相关的茶文化无可相提并论之处。普洱茶对于云南的文化价值来说，或许已经超过了饮茶本身，作为一个媒介，它沟通了热带、温带和寒带之间的文化、宗教与经济，还有民族之间的交流、融合，这是不可限量的人类贡献。

元谋人 002

元谋土林所在的地方曾是一片亚热带森林，曾孕育了震惊中外的元谋人

许多人是从历史教科书里认识的元谋人，这当然不是指生活在当下的元谋人，而是那些早在170万年前，在那片亚热带草原和森林，与食草类动物为伴的元谋人。他们已经学会制造和使用简单的工具，并在这片茂盛的森林中狩猎、采集，用火把食物加工成熟食。

1965年"五一"节的那天，一群考古工作者在云南元谋一个叫作那蚌村的地方进行考古挖掘工作，无意间挖到了两颗类似人类的牙齿，看上去像是同一个人的两颗门牙，它们有些粗大，继而又发现了一块人类的头骨，甚至有被火烧过的痕迹。这是一个令人振奋的发现，因为相对于"蓝田人""北京人""山顶洞人"，这个在偏远省份被发现的"元谋人"还要更年长一些。这几乎是中国乃至亚洲发现的最早的原始人类化石。与元谋人共生的哺乳动物化石，有华南豪猪、元谋狼、云南马、爪蹄兽、中国犀、山西轴鹿等29种，全部都为灭绝物种，部分属于上新世的残余物种，大多数为早更新世当地常见物种。如

元谋人是中国乃至亚洲发现的最早的原始人类

170万年前的元谋气候温和湿润，树木繁茂，而非今天的模样

果就生活环境来考察，云南马等生活于草原、细麂、湖麂等生活于热带雨林，竹鼠、复齿鼠兔等动物生活于灌木丛之中，泥河湾剑齿虎等生活于森林之中。根据植物孢子的分析，这里的树木主要以松属植物为多，还有榆树等，草本植物则更多。由此推断，元谋人应该是生活在森林、草原环境中，比较温和湿润，也比现在凉爽。

今天元谋县城建有一座博物馆，用以陈列与元谋人相关的化石和资料，一进门，就能看到院子里那尊复原的元谋人的塑像。他像是从远古朝我们走来，目光悠远，怀着对不可预知的未来的猜测与向往，而我们面对他时，是否有对他那个时代的猜测与想象呢？

如果说，元谋人生存的时代，元谋是一个气候温润的地方，但今天的元谋却以土林著称。也就是说，因为水土的严重流失，加之气候炎热造成了这样的自然奇观。

泼水节

万人狂欢迎傣历新年节

　　泼水节相当于傣族地区的新年，是一年中最为重要的节日，也是云南地区参与人数最多、影响最大的节日。泼水节起源于印度，最初为婆罗门教的一种仪式，被佛教所吸收，大约在 12 世纪末至 13 世纪初从缅甸与佛教一起传入中国云南的傣族地区。随着佛教在傣族地区的影响不断加深，这一节日也就成为当地的民族习俗而流传下来，并在本土化的过程中，与傣族的民间神话传说有所结合，从而被赋予了浓厚的民族特色。

　　泼水节每年 4 月举行，为期 3 ～ 7 天。

第一天，人们清早起来先沐浴礼佛，之后才展开一系列的庆祝活动，用纯净的清水相互泼洒祈求洗去过去一年的不顺，迎来新一年的美好。在当地有种说法，被泼得越多的人得到的祝福也就越多，最漂亮的姑娘也会被泼得最多，因为这是男女青年之间表达爱慕的一种方式。节日期间，还要举行赛龙舟、斗鸡、放孔明灯等一系列活动，相当于一次全民狂欢的节日。

　　云南傣族地区关于泼水节的来历还有许多不同的传说，其中一个传说就是：美丽的依香智斗恶魔，带着一身恶魔的血污回到人间，人们为了帮她洗净身上的血污不断地向她泼水，而这正是人间的新年。于是，人们就用泼水来作为庆祝胜利、迎接新年的一种方式。另一种传说则是关于一个不孝之子因在清明节后山上干活时，看到雏鸟反哺而有所触动，决心回家要孝敬母亲。而此时，母亲正赶上山给他送饭，不小心摔了一跤，赶来的儿子本意是要扶起母亲，却被母亲误以为是儿子要打自己，便一头撞到了树上身亡。儿子为了纪念母亲，用那棵树雕了一尊母亲的像，每年此时用浸着花瓣的温水清洗它，从而演变为了泼水节。

泼水节是傣族迎接新年的一种方式

庄蹻开滇 004

大观楼前的对联不仅描绘了云南的山山水水,也讲述了彩云之南的灿烂历史

　　在司马迁的《史记》里记载了一个与云南有关的故事——庄蹻开滇,这也是云南历史上十分著名的一段佳话。

　　战国时期的楚庄王一心想扩张领土,于是派出大将庄蹻向西南进发,这位叫庄蹻的将领打到滇池边时,被这里的温暖与富足所吸引,认为这是他替楚庄王找到的一片上佳领地。然而,就在他准备命人回去报告楚庄王,派大队人马开疆扩土时,秦国已打到了楚国的都城下。面临楚国已降的局面,庄蹻只好留下来入乡随俗,"变服、从其俗,以长之"。

　　司马迁仅用了8个字来记录这段历史,惜字如金的记叙给后人留下了太多的疑问、太大的想象空间,甚至,这个叫庄蹻的人在史书里也是一个若隐若现的身影。而现实世界里,他也没有留下任何存在过的痕迹,比如他入滇时是否有开辟过的道路、他是否建立过都城,或者他身后的墓地。而那枚被后人发掘出来的"滇王之印"是否与他有关?这一切至今没有任何的答案。但"以长之"是否说明这支队伍从此在这片远离楚国的土地上定居下来,并与当地土著融合共存了呢?

司马迁惜字如金的记叙当然是以汉文化为中心的角度和视角,于是"庄𫏋开滇"的"开"难免有着"开化""启蒙"似居高临下的姿态;也有人认为,庄𫏋因此给当时的滇人带来了楚国先进的技术和文明。然而,以出土的滇青铜器来看,当时的滇并非外界以为的蒙昧状,而是有着不输中原的高度发达的冶炼技术和遗世独立的文化形态。客观地说,滇文化是一支有别于长江文明和黄河文明的另一种文明形态,从现今依然是云南文化主体的少数民族的文化、艺术来看,其丰富性、独特性也是毋庸置疑的。

云南晋宁县作为"庄𫏋开滇"传说的中心地区,为这个传说中的人物塑造了一尊像,以表达对其"变服""从俗"的敬意,只是关于"庄𫏋开滇"抑或是"庄𫏋入滇"依然没有一个最终的结论。但有一点确定的,这是汉文化的历史中,唯一一点关于滇国的线索。

滇文化拥有着有别于长江文明和黄河文明的独特性

古滇国的青铜文明   005

云南青铜器——东汉三支俑铜灯

古滇国的存在至今只有一枚铸有古篆文的"滇王之印"可以佐证,但这枚"滇王之印"所昭示的滇国青铜文明的历史意义更为重大。

"滇王之印"的出土,印证了《史记》中关于汉武帝向滇国封王的记载。汉武帝派张骞出使西域,张骞在西域看到了产自蜀地的布和筇竹杖,于是猜测有一条从蜀直接通往西域的商道。为打通这条商道,汉武帝派兵攻打西南夷,结果遭到昆明人的阻击,于是,汉武帝下令在都城修建一个仿滇池的人工湖,

以练兵备战,并在历史上留下了"汉习楼船"的典故。虽然,"汉习楼船"最终没有派上用场,但汉武帝还是把"滇王之印"授予了一个叫常羌的王,滇也被设为益州郡。

云南地下丰富的有色金属矿藏为滇的青铜文明提供了物质上的可能,而且从出土的青铜器物来看,滇的青铜铸造技术并不晚于中原,甚至更早。中原所出土的青铜器皿大多用于祭祀,而云南出土的青铜器则以日常用品为多,储钱罐(储贝器)、饰物、俑、乐

四牛镏金骑士铜贮贝器

器、刀剑，甚至农作时所用的锄头，通过这
些工艺精美绝伦的青铜器我们仿佛能看到几
千年前滇人日常生活的场景。"牛虎铜案"是
众多滇青铜器中的代表，一头奋力向前的牛
与咬住其尾部向后的虎，两者形成了贲张而
又稳定的力量美。几千年后，当人们从泥土
里将它们挖出来时，那只看似顽皮的老虎还
拽住牛的尾巴不放，而铜案中间，那头探头
探脑的小牛让这种紧张的拉锯战获得了平衡。
穿过历史的迷雾，这件青铜作品向我们透露
了许多古滇国的生活信息。

但古滇国和那个拥有"滇王之印"的王者，
却神秘地消失在历史的某个瞬间，让古滇国
史上出现了一个难以恢复的文化断层。

云南出土的青铜器以日常用品为多，如刀剑

彝族 006

彝族多生活在海拔较高的山区

云南居住着 26 个民族，而其中彝族既是这片土地上的土著，同时也是云南省内数量最多、居住范围最为广泛的少数民族。"滇""昆明"这些与云南地名有关的词汇都来自彝语的发音，这已成为学者们论证"彝族是滇池周围最早的定居者"的重要依据。

虎作为彝族的图腾，早在《山海经·海外北经》中已有记述："青兽焉，状如虎，名曰罗罗。"多聚居于海拔较高的山区里的彝族，其中有一个分支便是"倮倮"，"倮"在彝语里即是虎。不仅如此，彝族人还将他们居住的地方的山脉、河流以虎来命名。比如，楚

雄在历史上又称"峨碌"，意思是大虎人居住的地方；哀牢山为彝语的音译，意为大虎山；乌蒙山，彝语称作"熬乐本"，汉语的意思是彝族的虎祖山，这些地方是彝族祖先居住之地，至今依旧是云南彝族的主要居住地。

彝族史诗《梅葛》有这样的叙述："天上没有太阳，天上没有月亮……天上什么也没有，地上什么也没有……天神来造天，虎的脊梁撑天心，虎的脚杆撑四边……虎头作天头，虎尾作地尾，虎鼻作天鼻；左眼作太阳，右眼作月亮，虎须作阳光，牙齿作星星；虎油成云彩，虎气成雾气；虎皮作地皮，硬毛作树林，软毛

彝族的服饰以黑色为基调

作秧苗……"这是一个充满想象之美的世界，在彝族的想象中，黑虎已不只是"百兽之王"，还是创造世间万物的神灵，因为有了虎的存在，世界才有了勃勃生机。

作为图腾，在彝族的日常生活中处处能看到虎的身影。彝族热爱黑色，他们的服装以黑色为基调，男子的服装则通身是黑色，庄重而又充满力量美；女人的服装也多以黑为底色，然后辅以红、黄等条纹，红、黄色就是从虎纹演变而来的，特别是小凉山一带的彝族妇女，通常用黑色的布在头上缠成一个三角形的头饰，外出时，还会用黑布蒙住口鼻，只露出一双眼睛，充满了神秘美。彝族的新生婴儿更是要戴虎头帽、穿虎头鞋，背孩子用的背篼上绣着"八方八虎"，以祈求虎的保佑，妇女的围裙上绣有虎图，以表达多生虎子的愿望。他们用这种方式来表达自己与虎的血缘关系。

直至生命的终结，崇尚火葬的彝族人也希望通过火对肉身的焚烧完成由人幻化为虎的过程，从而回到生命最初的起点。

大理王朝 007

大理王朝曾统治云南达五百年之久

　　云南地处西南边陲，在正史的书写中，"庄蹻开滇"后，关于这片边远之地的线索一直都若隐若现，在想象的蛮荒与瘴气之地，究竟生活着一群怎样的人呢？

　　当李唐王朝在中原称雄天下之时，与之对峙的是西面的两个王朝：吐蕃和大理。在相当一段时间里，这两个异邦与李唐王朝既唇齿相依又相互觊觎，可谓一个新的"三足鼎立"之势。前后存在达五百年之久的大理王朝，唐以后与宋划江而治，直至元朝才真正进入中原的版图中。

　　这个起势于今天大理巍山的南诏，后改

朝为大理的西南朝野，位于东西文化的交会处，大理往南是茶马古道的起点——当年的普洱府，再往南便与中南半岛相连；往西南则路经永昌府，再经腾越直达缅甸，汉武帝想要打通的蜀身毒道，这里便是重要的驿站。茶马古道翻过哀牢山，进入大理后，海拔一路升高，要经过今天的丽江、迪庆才能最终到达西藏，从那里可以到达印度。然而，一路向东到达的则是今天的云南首府昆明，所以，昆明城里有一条拓东路，即是当年大理王朝东征的纪念。从昆明向东是曾经爨氏的地盘，也是当年庄蹻进入滇的必经之路，沿蜀身毒道到达蜀国，最终与中原对接。

　　或许就是这样的地理位置造就了大理一带很早就有经商之风，与此同时，这一带的六个诏盟中的"南诏"在大理以西的巍山崛起后，迁都大理，在历史的风云际会中，由段氏大理取代了南诏成为能与李唐、吐蕃对峙的西南王国。这个在云南统治长达五百年之久的王朝，在佛教历史中也有着十分重要的地位。传说大理宾川的鸡足山华首门是释迦牟尼大弟子迦叶入定处，从此奠定了它在佛教界的崇高地位，而大理国也一度因崇尚佛教而寺庙林立，有"妙香国"之称。只可惜千年的战火纷争，如今只剩下崇圣寺最具影响力。

　　大理王朝留给后人的最大谜团是，段氏的陵寝今何在？有猜测在大理往北的剑川有一片呈红色的丹霞石宝山是否就是段氏的身后处。这种猜测并非凭空而起，因为人们在剑川石宝山上发现了一处精美而又规模盛大的石窟群，这些石窟造像真实全面地反映了大理王朝的政治和民间生活，同时也反映了民间信仰。

　　苍洱之间的那段历史已经化为历史的烟尘，但它至今在历史的上空云绕不散，讲述着它曾经的辉煌。

苍洱之间的那段岁月仍在历史的上空讲述着它曾经的辉煌

佛教艺术 008

松赞林寺是云南藏传佛教的代表之作

因为地理位置的关系，在以汉文化为中心的视野里，云南总是因奇异的民族、独特的动植物种类或者高原风光而瞩目。然而，佛教在云南有着最为集中、完整和全面的分类和形式，这恐怕是一直被忽略的。

起源于印度的佛教，以南北两路传入中国，早在汉代就已有佛教进入中原一带，以白马寺的建立为标志。后因与儒家学说的结合，更为统治阶层所接受，一度成为中国信众最多的宗教。从佛教的传播路径分为北传和南传两支，进入中原一带的为北传佛教，最初也有大乘和小乘两个分支，后因大乘更为推崇，所以，北传佛教基本被确立成大乘佛教一支。从斯里兰卡沿中南半岛经缅甸传入中国云南西双版纳一带的佛教，也就是南传佛教，又被称为南传上座部佛教，也即小乘佛教。

现在信奉小乘佛教的西双版纳一带，许多地名的来历传说都与佛祖有关，许多佛塔的建立传说是在佛祖的圣迹之上建起的。小乘佛教沿茶马古道随着云南的大叶茶一路北行，在南诏国遭遇了由印度高僧传入的大乘佛教，并在当地融合产生了"滇密"。宋、元以后，随着云南归属到中央政权之下，汉传佛教大量进入云南，至明清以降，汉传佛教的禅宗、净土宗取代了"滇密"成为云南主要教派。与此同时，藏传佛教也随着吐蕃势力的不断扩张渗入滇西北一带。所以，作为"妙香佛国"的大理成为佛教在云南传播的交会点。所谓，大乘佛教到大理不再西行，小乘佛教到大理不再北行，而藏传佛教到大理后不再南行。

佛教在云南有着最为集中、完整和全面的分类和形式

"两系三传"也就成为云南佛教的特点，即大乘佛教、小乘佛教、南传小乘、北传汉密和西传"藏密"及由印度直接传入并与地方宗教文化相融的"滇密"，形成一种多元佛教宗教文化。

护国运动 009

昆明护国纪念碑

在蔡锷等人发起的护国运动中，碧色寨扮演着举足轻重的角色

辛亥革命后，袁世凯窃取了辛亥革命的成果。随后，在1915年宣布恢复帝制，自认"洪宪皇帝"。此时，南方将领唐继尧、蔡锷、李烈钧等人在云南发起护国运动，宣布云南独立，起兵讨袁。随后，其他南方各省也纷纷宣布独立，袁世凯在内外交困的情况下被迫宣布取消帝制，并于数日后病逝。

蔡锷把护国运动的始发地选在云南，与他在云南还留存着一定的势力有关，但此举却将云南这个偏僻的省份再次推到了历史的

聚光灯下，位于滇东南的碧色寨车站，一个并不起眼的三等火车小站也因此得以见证了这一中国历史上令人震惊的时刻。

早在19世纪末，清朝政府签署过一系列丧权辱国的条款。允许法国在蒙自设领事馆，就是那一时期所签署的条款之一，蒙自因此成为云南近现代较早的通商口岸之一。碧色寨车站建于1910年，自1921年个（旧）碧（色寨）铁路通车，碧色寨车站就成为个碧铁路与滇越（南）铁路的重要中转站。法国人

曾在此经营了 30 年，此间碧色寨车站是滇越铁路的特等站，曾经繁华一时。

但碧色寨车站最值得记录的却是 1915 年 12 月 21 日这个特殊的日子。当时，袁世凯妄图在北京称帝，蔡锷将军决定联合以唐继尧为统领的云南军民声讨袁世凯。这一天，成功避开袁世凯监控的蔡锷辗转从境外沿滇越铁路回到云南，袁世凯得知蔡锷所乘的列车将在这个叫碧色寨的特等站停靠，于是派当地富绅借敬酒之机刺杀蔡锷，然终因蔡锷的一位副官以身挡枪而失败，副官中弹身亡。4 天后，蔡锷在昆明通电全国讨袁，宣告独立，并组成护国军。为纪念此举，昆明的绣衣街改名为护国路，并在路口建有护国运动纪念碑。

护国战争是中国近代史上，唯一一次由中国资产阶级单独领导的仅次于辛亥革命的伟大的革命运动，云南便是这次讨袁护国首义之省。

个碧铁路曾繁华一时

西南联大 010

国立西南联合大学

　　"卢沟桥事变"之后,抗日战争全面爆发,陷入战事的华北地区"放不下一张书桌"。由北京大学、清华大学和天津南开大学撤出的1600多名师生辗转到达长沙,希望在临时拼凑的长沙临时大学继续学习。可短短3个月,战事蔓延至武汉,眼看长沙不保,学校决定继续南迁,大批知名教授、学者带领学生分三路入滇:一从长沙乘火车到香港,然后由香港渡海到越南海防,乘火车进入云南;二由长沙乘火车到广西桂林,再由桂林乘汽车途经柳州、南宁、镇南关进入越南,转乘火车入滇;三由湖南出发,徒步数千里,跨越湘、黔、滇三省,翻过雪峰山、武陵山、苗岭、乌蒙山等崇山峻岭进入昆明,这支队伍被戏称为"湘黔滇旅行团"。经过68天的长途跋涉,"湘黔滇旅行团"的师生们终于到达云南省会昆明。

　　1938年5月,"国立西南联合大学"正式成立,校长由原清华大学校长梅贻琦担任。

　　学校首先遇到的问题就是经费,当大建筑师梁思成把一座现代化大学的建筑图纸放到梅校长的面前时,因为缺少资金,设计图纸遭到了否定，两个月后，图纸上的学校从高楼改成矮楼，再从矮楼改为了平房，最终校园的空地是被一排排茅草房填满。这也许是梁思成一生中最痛苦的一次设计。然而，从这些茅草房里，成长出了获得诺贝尔物理学奖、引爆中国第一颗原子弹和氢弹、制造出中国第一台亿次银河巨型计算机和第一根单膜光纤的科学家。

因一时无法提供足够多的教室，西南联大的文学院一度被设在滇东南的蒙自。至今，南湖边的那一排黄色法式建筑还静静地矗立在那里，记录着近一个世纪前师生们的欢声笑语和琅琅书声。

西南联大的那段日子，后来被很多人写进了回忆录，这其中包括：沈从文、费孝通、闻一多、汪曾祺……他们的名字大都被写进了中国文化史，那是云南近代文化史上群星闪烁的时刻。今天，在西南联大的旧址上建起了云南师范大学，先生坡、一二一大街……这些地名记下了曾经的那段历史。

西南联大闻一多衣冠冢

中国远征军 011

腾冲墓园埋葬着 3000 多名中国远征军的忠骨

中国远征军松山阵亡将士纪念碑

1941 年，日本偷袭珍珠港之后，太平洋战争全面爆发。日军占领东南亚一带，进攻英属的缅甸殖民地，驻守英军无力抵抗，不得不向中国政府请求援助。此时，中国的滇西南一带也已陷入战火之中。

1941 年 12 月 23 日，中、英在重庆共同签署了《中英共同防御滇缅路协定》，形成军事同盟，意在支援英军，在滇缅抗击日军，保卫中国西南大后方，在这样的形势下组建了一支军队。这支离开本土作战的中国正规军，被称作远征军。但因英军贻误战机，中国军队被日军切断退路，部分远征军被迫退入印度，仅有 3 万余人回到祖国。1942 年 5 月，攻占了缅甸的日军从滇缅公路入侵中国西南，妄图通过占领滇西控制中国抗战大后方，以挽救其失败的局面。

云南与缅甸接壤，滇缅公路是中国对外联系的唯一陆路通道，为保卫滇缅公路的畅通，1942 ~ 1944 年间，中国政府先后两次派出了 30 万部队进入缅甸对日作战。"二战"时期的缅甸战场发生的一场场残酷、血腥的丛林战，对此各当事人的口述和历史资料都有大量的记载。付出了 10 余万人伤亡的代价后，远征军全歼了缅甸的日军。战役中，由美国装备、训练的中国远征军颇为引人注目，是一支令日军闻风丧胆的军队，并最终摧毁了日军，堪称"二战"中最为漫长的战争。

1945 年 7 月 7 日，为了纪念中国远征军二十集团军的国殇墓园在来凤山下建成，国殇墓园主体建筑以中轴对称、台阶递进形式。嵌有蒋中正题李根源书的"碧血千秋"刻石在拾级而上至第一台阶时出现，庄严凝重，第二台阶建有忠烈祠，为重檐歇山式建筑。忠烈祠后有一处锥形的小山坡，上面密布着许多小碑，上面有阵亡军人的名字以及军衔，碑下为骨灰罐。

"驼峰航线" 上的飞虎队 **012**

航空队在 3 年多时间里向中国战场运送了 80 余万吨物资，3 万多人员

　　云南地处中国西南，守着东南亚的陆上通道，古时有蜀身毒道、南方丝绸之路、茶马古道、博南古道，贸易带来了经济的繁荣，也带来了文化的交流。20 世纪 40 年代，滇缅交界的边城腾冲成为世界反法西斯战争中的亚洲主战场之一。隆隆的枪炮声、士兵的鲜血、惨烈的战斗都被记录在腾冲的国殇墓园、松山战役遗址和"驼峰航线"纪念碑上。

　　1944 年 5 月，中国远征军入缅对日军作战失利后全线后撤，日军沿滇缅公路尾追，并对保山县城进行狂轰滥炸。5 月 5 日晨，日军先头部队窜至怒江西岸，终因我军先于 5 月 4 日晚将惠通桥炸毁，日军被阻滞于怒江西岸松山地区。同年 6 月 1 日前，中国远征军各部队已强渡怒江顺利进入攻击出发位置，此时，距欧洲反法西斯第二战场法国"诺曼底登陆"还不到 1 周的时间。亚洲反法西斯战场上一场"国门逐倭"的大战——滇西大反攻的关键一战"松山战役"正式打响，此时，收复边城腾冲的战役也全面展开。历时 4 个月的战役，战况之惨烈令人怵然，9000 多名军人英勇捐躯，他们的英灵被安葬于腾冲的国殇墓园内。

　　"飞虎队"创建于 1941 年，全称为"中国空军美国志愿援华航空队"，由于其插翅飞虎队徽和鲨鱼头形战机，被称为"飞虎队"。1942 年，美国陆军航空兵开辟了"驼峰航线"，这条航线从印度经缅甸到中国昆明、重庆，飞越青藏高原、云贵高原。通过这条航线，中、美双方 3 年多共向中国战场运送了 80 余万吨急需物资，人员 3 万多，并有力地配合了中国军队的战斗，打破了日军通过入侵缅甸对中国大陆封锁的企图，为稳定云南乃至整个东南亚战场的战争局势起到了十分重要的作用，航空队也为此损失飞机 609 架，牺牲飞行员 3000 多人。

茶马古道 013

茶马古道是连接云南、四川、西藏的经济线

茶马古道是中国古时用马帮运输茶叶的一条道路，一条从云南易武出发，经大理、丽江、香格里拉，然后到德钦最后到达西藏拉萨；另一条从香格里拉转到四川理塘、巴塘，最后到达西藏的茶马交易的道路。这条可追溯到唐朝的只能依靠马匹驮运商品的道路，是连接云南、四川、西藏的经济线，产自云南的茶叶、马骡、布匹和粮食，经茶马古道被运到西藏，而西藏的药材、皮货也从这里运到云南。

在云南，除了因普洱茶、自然风光险峻和民俗风情独特的茶马古道外，早在秦代就已开拓了打通川滇的"五尺道"，"身毒（今印度）道"也早在汉时就连通了从四川经云南直达东南亚的商道。但"茶马古道"走得更远，也更为艰险，马帮用他们的双脚不断地丈量着这条道路，经过他们的努力，茶叶、骡马、麝香、皮革、民族文化、宗教在不断地交换、融合、沟通，同时，沿途也形成了许多繁华富足的集镇，比如大理、沙溪、丽江、香格里拉独克宗、德钦等，如今这些地方都成为旅游者蜂拥而至的人文景点。其实，早在20世纪初，这些地方就已经有外地学者、旅行家、商人驻足，甚至成了他们终身都为之怀念的地方。其中，俄国人顾彼得就以商业促进会工作人员的身份在丽江生活了10年，并写成了《被遗忘的王国》，详细记录了20世纪40年代大研古镇里的芸芸众生，普通居民、赶马人、皮匠、农夫、东巴祭司……在他的笔下，这是一个繁荣、安详的雪山脚下的小镇。而另一个至死都梦想着回到这个"雪山脚下开满鲜花的地方"的外国人便是大名鼎鼎的洛克，他所著的《中国西南的古纳西王国》是一本有着极高学术价值的图书，详细记录了这里的植被、民族习俗，其中的黑白照片更是最珍贵的史料。

这一切都仿佛是这条古道上耀眼的珠宝，让茶马古道的光芒更加持久。

七彩服饰 014

在这片被称为"彩云之南"的红土地上共生活着 25 个少数民族，其中有 15 个为云南所特有，例如景颇族、怒族、傈僳族、阿昌族等，不少是世居民族。因为生活在不同的海拔高度，有着完全不同的民族文化传统，这些因素都决定了云南少数民族都有着自己独特的服饰，它们共同构成了这片土地上最为绚丽的一道风景。其中，以彝族、傈僳族、哈尼族、纳西族、白族、傣族服饰最为有特色。

彝族的居住地区分散，而且分支繁多，所以彝族的服饰非常丰富多彩。崇尚黑色的彝族服饰最有特色的是刺绣和银饰的运用，尤其是在头饰方面的区别更为明显，但多有包头或者戴帽的习惯。主要居住在怒江、澜沧江、金沙江两岸河谷山坡地带的傈僳族，因衣服的颜色不同而分为白傈僳、黑傈僳和花傈僳。在傈僳族的服饰中，以头饰最为引人注目，年轻姑娘喜欢用缀有小白贝的红线系辫，而已婚妇女则喜欢头戴珠帽的"俄勒"。所谓"俄勒"是用珊瑚、料珠、海贝和小铜珠编织成的帽子。主要聚居于滇东南的哈尼族的服饰因支系不同而各异，藏青色哈尼土布是他们的主要衣料，上衣、裤子、裙子都多用这种衣料制成，在襟沿、袖子处缀绣五彩花边和不同的胸佩而另有一种风情，银饰也是他们最喜欢的饰品。其中以头戴白布缝制的尖顶软帽的叶车妇女服饰最为独特，软帽后面缀有一截精美花纹的燕尾边，对襟短

花腰傣被称为"云南最美的民族"

袖宽口的上衣和紧身超短装呈现着一种令人咋舌的时尚特色。

纳西族的"披星戴月"随着旅游业的发展而被外界所熟知。白族则是一个把风花雪月戴在头上的爱美民族，生活在风速极快的洱海边上的白族，其头饰是外界分辨这个民族的主要特征。傣族因为生活在热带的江边，所以他们的服饰非常简洁，但却充分展示了女性的身体美感，婀娜的傣族筒裙和短小干练的上衣勾勒着这个民族女性的胴体之美。而其中的一个分支，花腰傣则赢得了"云南最美民族"的称号，其服饰当然是最大的亮点。尤其是女性头顶的那顶竹篾帽更为她们加分不少。

香格里拉 015

香格里拉象征着和平、安宁、恬淡、富足的世界

Shangrila，在第二次世界大战结束后，英国作家詹姆斯·希尔顿的小说《消失的地平线》一经发表就引发了一股长达半个世纪的寻找"香格里拉"的热潮。"香格里拉"这个在小说里被描述成和平、安宁、恬淡、富足的世界，远在喜马拉雅山脉的深处。小说后来被改编成同名电影，更加点燃了人们寻找这个对于小说家来说只是一个想象的世界，因为人们相信，那里是一片净土。现实的商业家则看到这个名词背后的利益，用"香格里拉"命名了一家五星级酒店，之后，"香格里拉"酒店几乎遍布世界各地，它代表了优雅、舒适、极致的服务。

半个世纪来，寻找香格里拉的热情并没有减退，有人在西藏古籍中找到了一则关于"香巴拉"的记载。"香巴拉"对于虔诚的藏传佛教信徒来说，是一种对净土的信仰，是菩萨修成的清净之地，是涅槃的诸佛教化众生的庄严世界，也是佛的居住之所。"香巴拉"是他们终生追求、可望而不可即的圣地，是他们对超然物外的美好生活的追求与梦想。据说，在通往"香巴拉"的路上充满了诱惑，抵御不了诱惑的人会坠入山谷，只有拒绝诱惑的人最终才能到达"香巴拉"。"香巴拉"与"香格里拉"表述的高度一致是否就能说明其中暗藏的渊源呢？但这一点没有妨碍到迪庆州决定将原来的中甸县改名为香格里拉县的决定，也有学者更愿意把川滇藏，以康

巴藏区为轴的一个更大的范围命名为"大香格里拉"。实际上，这一范围内的自然环境、人文特征都有着极大的相似度。

中甸县的改名终于让"香格里拉"的论争告一段落，旅行者也更容易确定一个寻找的目标，在更大程度上带动了这一区域的旅行热潮。然而，当越来越多的人到达后，也有越来越多的人明白，真正的香格里拉其实就在我们每个人的心里。

"香巴拉"对虔诚的藏传佛教徒来说是对净土的信仰

马帮   016

昔日的滇川茶马古道，而今成了登山客、猎奇者寻找冒险刺激的好去处

在这条古道的某处至今矗立着一块石碑，上书四个字——"鸟道雄关"，意思是，这是一段连鸟都难以翻越的路途，但就在不远的山路上深达两寸的马蹄印清晰可见。这就是世世代代的马帮一脚脚踩踏出来的印迹，这样的印迹布满了整个茶马古道。

在这条古道上，除了人和马外，不可能再有别的运输工具，货物都靠人背靠马驮，为了让马匹能顺利到达目的地，出发前的几个月就要在马料中加入酥油，因为喂普通的马料，马是很难坚持走完全程的。马匹尚且如此，人更要有非凡的体力和毅力。以赶马运送货物为营生的人被称作赶马人，领头的叫马锅头，马帮文化也就应运而生了。马队通常一二十匹为一小队，规模最大的上百匹为一大队。云南马为小种马，体形小但耐劳，擅走山路。但这条路上，很少有人能从头走

到尾。通常是，内地商人将茶从产地运往大理，因为这段路途相对容易；再往北海拔越来越高，自然环境也越发地恶劣，这时改由大理的回族或白族帮和丽江的纳西帮接力，进藏后则改由康巴人完成。这条跨越了地球上的四个台阶，穿越了汉、傣、白、纳西、藏等民族地区的古道成就了马帮这个独特的群体，如今，马帮已退出了历史舞台，但关于他们的传说却成了大家都乐于讲述的趣闻。靠一头毛驴成为身家上亿的"喜洲四大家"之一的严家；风云一时的传奇人物女锅头阿十妹；马锅世家出身的农民起义领袖杜文秀……马帮的传奇故事和传奇式的人物，给这条古道增加了不少传奇色彩。

因为云南山高路险，马帮并不只限于茶马古道，在整个地区都有分布，只是这条路上的故事更富传奇而已。

玉石王国

017

上乘的翡翠应有晶莹剔透和灵动的品质

缅甸的伊洛瓦底江一带是世界上珠宝玉石产量最大、品种最多的地区，而云南省保山地区的腾冲人却是最早进行玉石开采加工和销售的一群商人，从蜀地，经大理、保山、腾冲，再经缅甸的密支那到达印度或更远的地区的蜀身（毒）道早已形成，腾冲人沿着这条路把玉石引进了中国，并形成了自己的产业加工链。当玉石被打磨成精美的翡翠饰品后，腾冲人将其销往全国各地，或销往泰国，再去往别的国家和地区，从而形成了最早的翡翠集散地，腾冲也一度成为"中国翡翠第一城"，曾经玉石铺路，翡翠满城。甚至有人开玩笑说："在腾冲，用来砌厕所的石头都是玉石。"现在，昆明、保山、腾冲、瑞丽是云南几个最重要的玉石销售地，而且这些地方的玉石品质也较有保证。

"翡"原指红羽毛的小鸟，"翠"则指青绿羽毛的小鸟，不知从何时起，翡翠被合称为红、绿玉石，也由此可见，上乘的翡翠应有那种晶莹、剔透和灵动的品质。翡翠品种的分类通常是按翡翠的颜色、质地和透明度的不同进行分类的，常见品种有玻璃种、冰种、芙蓉种、豆种等。玻璃种为颜色纯正的翠绿色，质地细腻，因透明度极像玻璃而称为玻璃种，是翡翠中的极品。冰种的质地细腻，透明度好，无色或色很浅，有时飘绿或蓝绿色花，属中高档翡翠。芙蓉种为淡绿色，一般不带黄色调，有时带很浅的粉红色，透明度中等。属中档偏上的翡翠。豆种指颜色为淡绿至豆绿色，质地比较粗，透明度不好，是为中档偏下的品种。

此外，还有一些彩色的宝石，如红翡、紫罗兰、福禄寿，都是因宝石呈现的自然色彩而得名。红翡指的就是颜色呈鲜红、橙红、褐红色，有时也呈黄色的宝石；紫罗兰的颜色呈淡紫至紫色；福禄寿则是一块翡翠同时具有红、绿、紫三种颜色。彩色宝石的质地除福禄寿外，质地和透明度等都因石料的不同有所不同，而福禄寿则是翡翠中之上品，至少也是中档翡翠。

洛克 018

洛克曾经就居住在玉龙雪山脚下

　　从某种角度来说，20世纪初是一个西方人重新发现东方的世纪。因为战乱频仍，古老的东方一度陷入了自顾不暇，于是，不断有西方的探险家、植物学家、博物学家、考古专家纷至沓来。

　　1922年，美国籍奥地利人约瑟夫·洛克来到丽江——这个甚至许多中国人也未必听说过的偏远的城镇。他是带着美国《国家地理》的资助来的，在之后的27年间，他走遍了丽江及周边，甚至远及迪庆和云南四川交界的一些地区，对这一区域的地理、植被、民俗都有深入的考察，而且不间断地在《国家地理》上发表着文章和照片，丽江第一次被世界所认识。此后，由他撰写的《中国西南纳西古王国》和《纳西语英语百科全书》成了研究、了解丽江地区历史文化的重要资料和辅助工具书。

　　现在，丽江玉龙雪山脚下的雪嵩村还保留着洛克居住的那个院落，里面依然陈列着洛克用过的家具、枪和其他一些物品。作为一个在这里生活了27年的外国人，他曾经雇用过当地人，也曾用西方的医疗技术和药品为他们治过病，在村民们心目中，洛克就是村子里的一员。至今，仍然有游人找到这个安静的院落，以凭吊这个外国人。由于他对丽江卓有见地的推荐，有人猜测，那部引发了"香格里拉"热潮的小说《消失的地平线》，不过是那个从来没有到过中国的美国作家在大量地阅读了洛克发表在《国家地理》上的文章和图片后得到的创作灵感罢了。至于，这两者之间是否的确存在关联，现在似乎已经不重要了，因为丽江已经成为一个知名度极高的旅游胜地，这其中洛克以及他的作品有着不可替代的地位和作用。

　　在居住了近30年的时间后，世界和中国的政治格局都发生了巨大的改变，洛克不得不离开丽江返回他的故乡。他在临终时说："我宁愿死在那风景优美的山上也不愿待在四面白壁的病房里等待上帝的召唤。"他把生命中剩余的时间全都用来回忆那些他曾朝夕相伴的雪山、草甸、鲜花和勇敢的纳西人。

卡瓦格博 019

梅里雪山的卡瓦格博是藏地最为重要的十二座神山之一

　　云南的迪庆与西藏接壤，这里住着不同的少数民族，比如纳西族、彝族、傈僳族等，但藏族则是这里的主要世居民族，属于藏地的康巴分支。在这里，藏传佛教依然是最重要的信仰，与同属大乘分支的汉传佛教相比，藏传佛教更重视身体力行的修为，而非禅宗提倡的用心灵悟道，所以，藏传佛教就形成了自己所特有的一系列仪轨，其中最为典型的就是手持转经筒口诵六字真言，以及围绕神山、圣湖或者寺院徒步行走，或者以五体投地的方式绕圈走。

　　海拔 6740 米的卡瓦格博峰是云南境内的最高峰，也是藏地最为重要的十二座神山之一。在藏地的传说中，卡瓦格博被拟化为护法神，在藏族人的心目中，它是护佑一方水土平安的神。在吸收了藏地原始苯教的藏传佛教里处处充满了对自然山水的崇拜，这个生活在高原严寒缺氧物产单一的民族，生存环境极为恶劣，于是，宗教在相当大的程度上抚慰了他们的精神世界，也成为在恶劣环境中顽强生存的信念。几乎每个村庄都有自己的守护神，一般都是村庄目力所

人们用经幡表达对神山的敬重和对幸福的祈祷

及的终年积雪的雪山或者湖泊，除了每天清晨要以煨桑的形式向神祈求平安外，每个家庭每年至少要完成一次转山或者转湖的仪轨，尤其是年老体弱的人，他们把死在转山或者转湖的途中视为此生幸福的终结，因为这样一定会得到神的庇护，为来生修得更好的生活。

卡瓦格博第一次被世人所知源于 20 世纪 80 年代的中日联合登山事故。之前，这是一座从未被世人所征服的雪山，虽然那时，人类已经登上了世界最高峰的珠穆朗玛峰。然而这支由中、日组成的联合登山队却在卡瓦格博全军覆没，成为人类登山史上最惨痛的悲剧之一。当地藏族为了阻止这次登山甚

至自发地在通往神山的公路上静坐，用煨烟向卡瓦格博传递他们对于这一无知行为的愤怒。因为他们将卡瓦格博视为"爷爷"，千百年来他们恪守着不能随便在雪山面前高声喧哗、不能动用雪山上的一草一木，而登山无疑会引来巨大的灾难。

经过藏族群众和民族学者的不断努力，终于由国务院发布了禁止攀登卡瓦格博的法令，这也是中国有史以来唯一一次由国家政府发布禁止攀登一座自然山脉的法令。至今，卡瓦格博仍是一座未被人类征服的处女峰，但每年有越来越多的游人与藏族同胞一起完成转山仪式，除了信仰的原因外，沿途的自然风光和人文故事也吸引着徒步爱好者。

东巴文化 020

东巴文字 "专象形，人则图人，物则图物，以为书契"

　　东巴文化实质是指东巴教这一流行于丽江纳西族的原始宗教的一种宗教文化，从另一方面来说，又是一种民俗活动。东巴教是在纳西族的本土巫文化与藏地的苯教相结合的一种多神原始宗教，"东巴"意译为智者，他们知识渊博，能画、能歌、能舞，掌握了天文、地理、农牧、医药、礼仪等知识。他们用一种古老文字书写经文，这种"专象形，人则图人，物则图物，以为书契"的古老文字即是"东巴文"。东巴也就是传播和继承东文化的祭司，东巴文化包括象形文字、东巴经、东巴绘画、东巴音乐舞蹈等内容，其中东巴象形文字因为至今仍然使用，而被誉为"世界唯一存活着的象形文字"。

作为是丽江纳西族的传统文化的重要组成部分，纳西族里的知识分子——东巴代表着权威、神圣，掌握着不为普通人掌握的知识，是神权的代表。在丽江黑龙潭公园有一个东巴文化研究所，还有一个东巴文化博物馆，全面介绍了东巴文化，是了解纳西文化的一个重要窗口。而当地的艺术家们把东巴文用彩绘的形式印在不同的材质上，赋予这种"活化石"更鲜活的生命，也把它的装饰性发挥到了极致，让更多的人了解它、认识它。

纳西族东巴的传统服饰

沧源崖画

021

沧源崖画记录着佤族曾经的青葱历史

佤族传统祭祀

崖画这种形式远远早于文字，被人类用来记录和表达，也是人类透着稚气的幼年的画作。通过这些看似构图简单、色彩单一、笔法质朴的，被刻在崖壁上的画作，可以穿过岁月的迷雾，看到这个民族的来历与成长历史，其实也是人类共同的成长历程。

在阿佤山中一直有着关于崖画的传说，同时流传的还有"司岗里"。"司岗里"在佤语里是指葫芦，"司岗里"不仅解释了宇宙万物的起源，还说明了佤族的先人来自一只葫芦。循着崖画传说的指引，在山崖间那些被植被掩盖的符号清晰地呈现出来。耕作、丰收、狩猎、祭祀、战争、歌舞、民居、动物……这些被刻印在海拔 2000 米高的崖壁上的符号里，那些形态各异的长着倒三角身体、四肢像四根细线一直挥舞着的小人更让人惊艳，仿佛能听到他们身体里发出的战争的厮杀声、歌舞的欢快声、日常的呼吸声。崖画的原料是用动物的血、虫胶和磁铁矿粉混合而成，因阳光照射和温度的不同，一天中它们会呈现出不同的色彩，红色、暗红、深紫色，它们代表了胜利、热烈、富足，也代表着生命。有人解释说，这些符号是先民用来给后来者指路的路标；是誓言，对领地的占有和家园的不可侵犯；是一首传世的叙事；也是一本无字的教科书，教会佤族人种植、建筑、饲养家禽。

不论先民刻画下这些符号是出于什么目的，至今，这些崖画已经成为人类精神财富的重要部分。

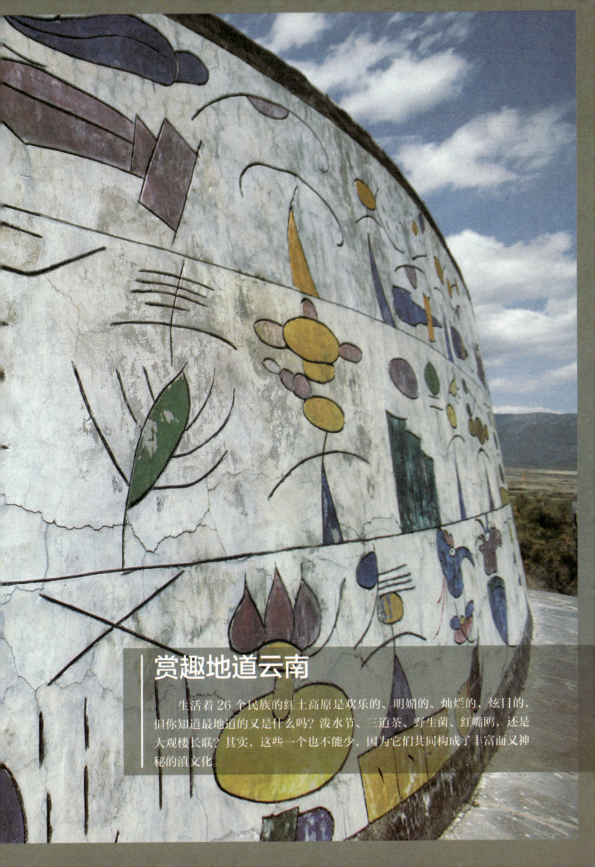

赏趣地道云南

生活着 26 个民族的红土高原是欢乐的、明媚的、灿烂的、炫目的，但你知道最地道的又是什么吗？泼水节、三道茶、野生菌、红嘴鸥，还是大观楼长联？其实，这些一个也不能少，因为它们共同构成了丰富而又神秘的滇文化。

鲜花 {#001}

001

对于云南人来说，没有鲜花是不可想象的

　　云南十八怪中有这样一怪：四季鲜花开不败。说明了有"春城"之称的昆明四季如春，植物葱郁茂盛、鲜花常开。除了街道以鲜花装点外，日常生活中，鲜花也是一个不可或缺的主角。下班后，在回家的路上顺便从路边小贩那里买把花，或者去菜场买菜时顺便买上一把；再或者，散步时，在街边的转角也有人在卖花。因为除了城郊的鲜花交易市场外，这座城市的每个角落都散布着许多出售鲜花的人，而家庭里，鲜花也是最重要的装饰品，对于云南人来说，没有鲜花没有绿植的生活是不可想象的。

红嘴鸥

红嘴鸥的到来为昆明的天空增添了一道亮丽的风景

　　20世纪80年代中后期的某个冬春之交，昆明的水面多了一种当地人从来没有见过的鸟，它们身长40厘米左右，浑身洁白，眼后有黑斑，两翅和背部灰色，但嘴和脚踝都是艳红色。它们在水面上结群地飞翔、觅食，时常发出喧闹单调的"哈、哈、哈"的叫声。后来，人们知道了，这是中国南部地区冬季最常见的鸥类，在东北、新疆为夏候鸟，其他地区却是冬候鸟。为了避开漫长寒冷的冬季，它们飞越了千山万水，从遥远的西伯利亚来到了中国西南的昆明。翠湖公园、盘龙江、滇池，只要有一片水域，就有它们的身影，给这座城市的冬春之交的天空增添了一道亮丽的风景。因为它们艳红的嘴唇，当地人把它们叫作"红嘴鸥"，而且从此，这种鸥鸟每年都到昆明越冬，再也没有失约过。

《云南映象》 003

《云南映象》是云南文化的一张完美的名片

云南的绚丽不只是它的山水，也因为居住在这里的 26 个民族，其中有不少是云南独有的少数民族。这样的山水和这样的人民孕育了最灿烂的歌舞艺术，从电影《五朵金花》《阿诗玛》《山间铃响马帮来》，歌曲《小河淌水》《月光下的凤尾竹》《有一个美丽的地方》，到绘画领域里的丁绍光等，无一不是从这片土地中长出来的绚丽花朵，而舞蹈家刀美兰更是中国舞蹈界中的一个重量级人物。

杨丽萍，这个长在洱海边，从傣族舞蹈语汇里汲取了养分的艺术家，用她的《雀之灵》向人们展示来自生活却高于生活的艺术形态，她超越了乡土的、原始的、自发的、原生态的舞蹈，赋予它现代的、个人化的、更为自觉的生命，于是杨丽萍打动了我们。这个热爱舞蹈如同热爱生命一样的舞者，带着她的一腔热忱重新回到了泥土和在泥土中快乐生长着的人民中间，她感受着大地上的一切，鱼虫鸟兽、花草风雷，以及那些男人和女人，于是，我们看到了一台被命名为《云南映象》的歌舞。

那些来自田间地头的人们，把他们日常中表达喜悦、悲伤、兴奋、祭祀、繁衍、祈求的歌舞展现在舞台上，观众们不仅看到了热烈的舞蹈，听到了动听的歌声，多彩的服饰、日常的场景，还有不同民族的信仰，还听到了风声、雨声、雷电声，以及来自远古的祖先的声音和他们与上天的对话，他们讲述着日常的劳作，男人与女人，生命的繁衍，世间万物的生长……无数的人被打动，因为他们看到的是云南这片土地上丰饶的生长，炽热的情感和人们来自灵魂深处的声音。《云南映象》是云南文化的一张完美的名片。

过桥米线 　　　　　　　　　　　　**004**

云南蒙自过桥米线

　　米线是云南滇中和滇东南一带最受欢迎的日常小吃中的一种，用一碗滚烫的鸡汤，把薄肉片、蔬菜等食物烫熟，再加入米线，这样既能极好地融合菜与主食的味道，而且鲜美、方便，成为极具地方特色的一种快餐。在过桥米线的发源地——红河州蒙自还有一个关于过桥米线的传说。在这个极具励志色彩的民间传说中，一个即将赶考的秀才，将自己隔绝在一个湖中的小岛埋头苦读，聪慧的妻子每天给他送饭。为了保持食物的温度和新鲜度，妻子发明了这种特别的吃法。传说以秀才金榜题名为结局，也成为过桥米线的一个文化注脚。如果想品尝更为正宗的过桥米线，那首推蒙自，那里的过桥米线都要在上面撒上一层菊花瓣，那是一种可食用的黄色菊花，食用时会有一股淡淡的花香，又被称为菊花过桥米线。

梯田 005

也许梯田最开始只是为了生存，却最终成为人们眼中最美的景象

元阳这个处于亚热带和温带的县城，是哀牢山夹缝中的一座县城，因为山高路远，这里的人们一辈子也难得离开过开门见山的村寨，有的人甚至连县城也没有去过。每天清晨出门上山种田，因为山路崎岖，一般要傍晚才能回到家中。祖祖辈辈向山间的梯田要粮食的便是世居于此的哈尼族人。

某天，一个法国人意外地来到这里，在经过漫长的山间公路的盘旋，对于突然呈现在眼前的万亩梯田，震惊得半天合不拢嘴。他说，20 世纪西方艺术曾经一时兴起的"大地艺术"完全没法与眼前的美相提并论。也

是那一时期，国内的大小影展上越来越多地出现有关元阳梯田的体裁作品，因为国内甚至国外鲜有哪一处的梯田可与其规模相比。尤其是每年春耕前后，稻田里注满了水，新的秧苗还没有播种。清晨，当清雾还在山间环绕，初升的太阳把光线洒在一片一片的水田上，在薄雾之间，片片梯田犹如闪光的宝石，闪动着迷人的光线。

2013 年，元阳梯田申遗成功，也意味着这里将被越来越多的旅行者所熟知，元阳哈尼人也正面临着传统与现代的冲突，这或许是历史、是一个民族对于生活方式的又一次抉择。

民居建筑 006

云南白族民居通常都绘有精美的彩绘

云南是一个不同少数民族共同世居的地区，而且这里山高谷深路险的地理环境在相当长一段时间造成了民族之间交流的困难。但这也从另一方面促进和发展了不同民族独特的文化特征，尤以与地理环境密切相关的民居建筑为甚。滇中地区的民居以类似中原四合院的庭院式为主要建筑形式，因其方正的形式特点被称为"一颗印"；滇西北则发展成了"四合五天井三坊一照壁"的民居形式，包括"走马转角楼"一类的民居形式，从形制和结构上来看都极大地受到了汉文化影响。然而，生活在热带和亚热带地区的傣族则居住在竹楼之上，这种"离河三丈三，离地三尺三"的干栏式建筑是为了适应当地湿热的地理环境，但也形成了傣家民居的特色；生活在高寒地区的藏族、傈僳族和怒族等少数民族则以土掌房和木楞房为主，主要是从保暖性考虑。这些形式各异的民居建筑共同构成了云南民居建筑的丰富性。

白族三道茶　　　　　　　007

三道茶如今不仅指向饮茶，也是白族的一项表演项目

　　大理处于东西文化的交叉路口，在明清时期，这里一度佛寺林立，有"妙香佛国"之称，同时，又是茶马古道的必经之地、重要驿站，所以，这里的人很早就有饮茶的习惯。在历史的发展中，当地人发明了一种特有的饮茶方式，因为要经历三个过程，有三种不同的味道，所以称为"三道茶"，即一苦二甜三回味。严格地说，这并不是一种日常的饮茶方式，有民间传说，这是男方到女方家提亲时，丈母娘为考查准女婿而特别准备的。第一道

"苦茶"是先将水烧开，然后浇到事先倒入小砂罐用文火烘烤热的茶叶上。注入沸水的茶罐立时茶香四溢，但味道极苦。第二道"甜茶"是在第一道茶后，在茶盅里加入少许红糖、乳扇、桂皮等沏成的茶，口味香甜。第三道"回味茶"，则是在茶盅中加入适量蜂蜜、炒米花、核桃仁，花椒若干，这杯茶甜、酸、苦、辣，各味俱全。有人把它比之人生的滋味，一苦二甜三回味。

野生菌 008

云南的蘑菇美食

爆炒山菌

　　整个云南省都是盘踞于云贵高原之上，这样的地理环境造就了云南人"靠山吃山"的生存法则，全世界食用菌的种类约有3000种，而中国就占了1000余种，其中700多种生在云南，云南因此而被誉为"世界野生食用菌王国"。这个"王国"的称号对于普通大众来说更有现实意义。每年的6、7月份雨季来临，一年一度的食用菌盛宴开始了。青头菌、牛肝菌、鸡油菌、鸡枞、干巴菌等，在湿润的空气里，它们毫无悬念地成为菜市场和家庭餐桌上的主角。它们黏带着西南高原上的红土和山野气息，经由皱皮辣、大蒜瓣和热油的爆炒，带着最自然、最醇厚的香味成为大众美食。短暂的雨季过后，各种可食用或不可食用的菌类就消失殆尽，好像从来没在世界上存在过，如果错过了这一年的美味，只能等待下一年的来临。虽然高科技改变了这一切，经过冷藏，食用菌的食用时间被无限拉长，但也牺牲了它们的原味和口感。

云南十八怪

009

鲜花四季开不败

鸡蛋用草穿着卖

云南因偏居西南，山高路险阻隔了外界的沟通，在那些交通和信息都极为闭塞的时代，一个习惯于中原文化的外地人偶然闯入这块土地，自然会有些奇怪的发现。"第一怪，鸡蛋用草穿着卖；第二怪，粑粑饼子叫饵块；第三怪，三只蚊子炒盘菜；第四怪，石头长到云天外；第五怪，摘下草帽当锅盖；第六怪，四季衣服同穿戴；第七怪，种田能手多老太；第八怪，竹筒能做水烟袋；第九怪，袖珍小马有能耐；第十怪，蚂蚱能做下酒菜；第十一怪，四季都出好瓜菜；第十二怪，这边下雨那边晒；第十三怪，茅草畅销海内外；第十四怪，火车没有汽车快；第十五怪，娃娃出门男人带；第十六怪，山洞能跟仙境赛；第十七怪，过桥米线人人爱；第十八怪，鲜花四季开不败。"但是，从某个角度来说，"云南十八怪"倒好像是一份最为简练生动的旅游指南，因为它包括彩云之南地理、历史、民俗、美食等各个方面，吸引着人们的好奇心，诱惑着人们前来窥探究竟。

三江并流　　　　　　　　　　　010

怒江第一湾是三江并流的一道极具震撼力的风景

　　三江并流在一片直线距离不到 80 公里的范围内，横跨了云南省的 3 个市（州）——丽江市、迪庆藏族自治州、怒江傈僳族自治州的 8 个县，这里还是云南的最高处所在。就在这么狭小的范围内，奔涌着 3 条永不枯竭的大江——怒江、澜沧江、金沙江，它们都发源于青藏高原的唐古拉山，自北向南在横断山脉的担当力卡山、高黎贡山、怒山和云岭等崇山峻岭间并肩奔流咆哮 170 多公里，最窄处直线距离仅 66 公里，但离开云南，"各奔东西"的三条江分别注入太平洋的东海、南海和印度洋的安达曼海，东西相距 3000 公里之遥。这自然的造化足以令人称奇。

　　这里汇集了高山峡谷、雪峰冰川、高原湿地、森林草甸、淡水湖泊、稀有动物、珍贵植物等奇观异景。光海拔 5000 米以上的山峰就有 118 座，造型迥异的雪山更是不胜枚举，而最著名的自然是梅里雪山、白茫雪山、哈巴雪山、碧罗雪山。与雪山终年厮守的是静谧的原始森林和星罗棋布的数百个冰蚀湖泊。距丽江古城 140 多公里的老君山腹地是世界上海拔最高、面积最大、发育最完整的丹霞地貌区。此外，还有太多的美景、奇异的动植物、炫目的民俗等着我们去发现。

开满鲜花的春城

"春城"是昆明的别称，四季如春的气候是这座西南边地之城的标签，鲜花灿烂的冬季依然成就了这座城市的浪漫气质。在如今大同小异的城市景观里，美味小吃、新鲜山珍和香飘万里的气锅鸡已经让这里从众多的省会城市中脱颖而出。更有翠湖、金马碧鸡坊、金殿、圆通寺和湖面上的红嘴鸥让这里风情独特，使人留恋。更重要的是，昆明是"到云南一游"必经的驿站，从这里能到达全省的任何地方。

翠湖   001

最美理由 /

每年冬春之交，昆明的水域都会有大批的来自西伯利亚的鸥群，因为它们长着雪白的羽毛和红色的嘴，所以被称为"红嘴鸥"。它们的出现让整个城市有着蓬勃的生机，也成为这座城市的一道美丽风景。其中，翠湖因位于市中心，所以到这里与海鸥嬉戏的市民和游人也最为集中。

最美季节 / 冬春之交
最美看点 / 红嘴鸥、鲜花
最美搜索 / 位于昆明市五华山西麓螺峰山下、云南大学正门对面。
—

冬春之交到来的红嘴鸥是昆明一道美丽的风景

最初，翠湖曾是滇池中的一个湖湾，后来因水位下降而成为一汪清湖。因湖东北有"九泉所出，汇而成池"，又名"九龙池"。后因其八面水翠，四季竹翠，春夏柳翠，得名"翠湖"。这里南眺碧鸡、北瞰蛇山，水光潋滟，"十亩荷花鱼世界，半城杨柳佛楼台"。

翠湖面积 21 公顷。两道柳堤呈"十"字形交会于园心，将翠湖分成五部分。湖心小岛是翠湖的中心，岛上建有飞檐黄瓦的湖心亭，为清康熙年间云贵总督范承勋、巡抚王继文所建，又名"碧漪亭"。湖心亭西侧有建于清嘉庆年间的莲华禅院和放生池，是有名的"濠上观鱼"处。如今禅院变为游艺宫，"放生池"成了一座水上园林。西北角有"来爽楼"，设有溜冰场。西南角是"葫芦岛"，棕榈挺拔。东南角有一个由三个半岛连成的大花园为"水月轩"，花木繁盛。东北角有"知春亭"，逢节便有人聚此对唱山歌，别有一番情趣。

翠湖公园内纵贯南北的是阮堤，是清道光十四年（1834年）云贵总督阮元拨款所筑。直通东西的是唐堤，1919年由时任滇、川、黔三省建国联军总司令的唐继尧拨款所筑。堤畔遍植垂柳，柳枝拂面，湖内多种荷花，藕花飘香，被誉为"城中碧玉"。

翠湖面积虽然不大，却是昆明本地人特别钟情的清静所在。春天观柳、夏天观荷、秋冬观鸟，坐在堤岸上看看昆明人的悠然自得也是一种享受。每年11～12月，成群的红嘴鸥从西伯利亚到这里来过冬，给冬季的公园增添一道别样的风景。

TIPS

⊙ 贴士

1. 翠湖公园是昆明唯一一家开放到晚上10点的公园，是个不错的夜生活场所。

2. 围绕着翠湖边有很多餐馆和茶馆，也是昆明人休闲的主要去处。

3. 冬季来翠湖赏鸥最好的地点是在翠湖宾馆附近，早上天亮到上午10点前是观赏红嘴鸥和喂红嘴鸥的最佳时间。

▣ 周边景点

翠湖公园周边有包括云南讲武学校、圆通寺、云南大学等在内的诸多人文景观，并集中有不少商铺，如果时间充足的话，可以在翠湖周边步行游览一番。

翠湖湖畔垂柳依依，四季竹翠，春夏柳翠

云南陆军讲武学校 002

最美理由 /
这个黄色的有着岁月感的建筑群在昆明市中心尤其显眼，作为云南近代史上的地标性建筑，这里培养出了中国近现代史上的重要人物，比如最为人们熟悉的朱德、叶剑英等。

最美季节 / 一年四季
最美看点 / 老建筑、讲武学校的历史沿革
最美搜索 / 昆明市翠湖西路 22 号

云南陆军讲武学校带着岁月的痕迹静立于昆明市中心

云南陆军讲武学校于 1909 年正式开学，原系清王朝为编练新式陆军、加强边防、对付民主革命而设立的一所军事学校，既轮训在职军官，也招收一部分有中等以上文化水平的青年，其教官多数留学日本士官学校。辛亥革命后，云南都督蔡锷将军下令将云南陆军讲武堂改为云南陆军讲武学校。以云南讲武堂师生为骨干组建的滇军，在护国、护法战争中战绩辉煌，故学校声誉日隆，威名远扬。至 1928 年学校停止办学，学校共招收学生 4000 多人。建立时，云南陆军讲武学校与天津讲武堂和奉天讲武堂并称三大讲武堂，后与黄埔军校、保定陆军军官学校齐名。

陆军讲武学校为中国保存最完整的近代军校建筑。历经百年风雨的老四合大院，配上四座长 120 米、宽 10 米的走马转角楼的楼房，占地约 1.44 万平方米，不仅平添几分

TIPS

◎ 贴士
1. 讲武学校内禁止拍照。
2. 讲武学校的对面就是翠湖公园。
3. 每天 10:00 和 15:00 会为游客提供免费的解说。

古色古香，也显现了讲武学校当年的雄伟气魄。讲武学校的教职员工基本上由留日学生中的同盟会会员担任。同盟会在讲武学校建立了秘密组织，在师生中传播革命思想，开展革命活动，扩大同盟会组织。历届毕业生中，有些后来成为杰出的无产阶级军事家，如第 3 期丙班的朱德和第 15 期的叶剑英、周保中等。

目前讲武学校内设有关于讲武学校校史、"重九"起义和护国运动的固定展览。

讲武学校历经风雨的老四合院，配上四座走马转角楼显现了学校当年的雄浑气魄

金马碧鸡坊

003

最美理由 /
作为昆明的地标性建筑，金马碧鸡坊已是复建品，而且关于每隔60年两坊之间会出现"金碧交辉"的奇景已成为传说，不复存在。但位于市中心的牌坊还是印证着这座城市的历史和那些不断流逝的时光。

最美季节 / 一年四季
最美看点 / 复建的金马碧鸡坊
最美搜索 / 昆明市中心三市街与金碧路交会处

金马碧鸡坊是昆明闹市胜景

金马碧鸡坊始建于明朝宣德年间，坊高12米，宽18米，雕梁画栋、精美绝伦，至今已有近600年的历史。东坊临金马山而名为金马坊，西坊靠碧鸡山而名为碧鸡坊。北与纪念赛典赤的"忠爱坊"相配，合称"品字三坊"，成为昆明闹市胜景；南与建于南诏的东西寺塔相映，显示了昆明古老的文明。

金马碧鸡坊的精巧之处，在于"金碧交

辉"的奇景。当太阳将落未落，余晖从西边照射碧鸡坊，它的倒影投到东面街上；同时，月亮则刚从东方升起，银色的光芒照射金马坊，将它的倒影投到西边街面上；两个牌坊的影子，渐移渐近，最后互相交接。这就是 60 年才会出现一次的"金碧交辉"的奇观。相传，清道光年间，这个奇观曾经出现过一次。由于地球、月亮、太阳运转的角度关系，这样的奇景要等 60 年才能出现一次。金马碧鸡坊的设计体现了古代云南人对数学、天文学和建筑学方面的非凡造诣。

可惜的是，原金马碧鸡坊于"十年动乱"中被拆毁，现在的两坊是 1998 年在原址按原风格重建的。所以，此奇观至今未再出现。

TIPS

◎ 贴士

与金碧街相交的同仁街是一条有着法式风格的老街，也是昆明的老式商业街，现在这里集中了不少有风格和品位的餐馆。

◎ 周边景点：景星街

在光华街和人民西路之间，景星街东西向连接正义路和五一路。向北，有市府东街、甬道街、文明街；向南，是直道巷、知止巷、文定巷、吉祥巷、安宁巷。在 200 多米长的一条街道上，南北伸出八条小巷，其中鳞次栉比地密布各种明清年代古旧建筑，可以说昆明旧时光的影子尽在景星街上。

沿街面左右开的铺子，其貌不扬，奇货可居；更有席地摆设的摊子，出售各式各样的物件，玉石、首饰、工艺品、动物、植物……景星街也是小吃天堂。街边，一张小桌，两条马凳，就是小吃爱好者的天堂。炒螺蛳、小锅米线、青苞谷粑粑、烧豆腐、涮菜、豆面汤圆、炸洋芋、木瓜水……桌子边永远坐满了人。

金马碧鸡坊是昆明的地标性建筑

圆通寺 004

最美理由/
圆通寺内有我国内地目前独一无二的一座小乘佛教佛殿——铜佛殿。殿内有泰国佛教界赠送的铜质释迦牟尼跌坐像与圆通宝殿的释迦牟尼塑像，形态各异，显示了佛教两大部派间的差异。

最美季节/一年四季
最美看点/铜佛殿、铜质释迦牟尼跌坐像、圆通宝殿的释迦牟尼塑像
最美搜索/昆明市圆通街，与昆明动物园毗邻

圆通寺如同一座漂亮的江南水乡园林

　　圆通寺建于唐南诏时期，初名补陀罗寺，已有1200多年的建寺历史，是昆明最古老的佛教寺院之一，也是现在昆明市内最大的寺院，云南省和昆明市的佛教协会都设在这里。

　　寺院坐落在圆通山南，前临圆通街，后衔圆通山，与昆明动物园毗邻，布局严谨、对称，主体突出，是昆明最古老的佛教寺院之一。圆通寺坊表壮丽，林木苍翠，被誉为"螺峰拥翠""螺峰叠翠"，一直是昆明的八景之一，如同一座漂亮的江南水乡园林。

　　圆通寺由大乘佛教、小乘佛教和藏传佛教三大教派的佛殿组成，以大乘佛教为主。寺内有高大壮观的圆通胜景坊、圆通宝殿、八角亭，以及我国内地目前独一无二的一座小乘佛教佛殿——铜佛殿。大门"圆通胜境坊"，为明黔国公沐英所建，明、清两代不断

修葺。整个寺院以圆通宝殿为中心,前有一池,两侧设回廊绕池接通对厅,形成水榭式神殿和池塘院落的独特风格。

圆通寺以其精美的雕梁画栋和佛教造像而著称。殿内供奉有清光绪年间精塑的三世佛坐像,大殿正中两根高达 10 余米的立柱上,各塑有一条彩龙,四壁还塑有五百罗汉像,均堪称中国佛寺中的上乘之作。

TIPS

◎ **贴士**
新世界过桥米线店就在圆通寺旁,是比较正宗的过桥米线。

▣ **周边景点:昆明动物园**
昆明动物园不仅林木苍翠,景色清新俊逸,更因为山北斜坡中段遍植樱花和垂丝海棠,而形成一个樱花林。阳春三月来这里赏樱,是昆明人的一大乐事。

圆通寺以其精美的雕梁画栋和佛教造像而著称

大观楼

005

最美理由 /
大观楼如今对于游人来说，最有吸引力的看点大概还是楼门前的那副长达 180 个字的"海内第一联"。从这副长联里，可以读到昆明的地理位置以及云南这个偏居西南的省份那些荡气回肠的历史。

最美季节 / 一年四季、春节、中秋、元宵
最美看点 / 大观楼长联、应季花卉展
最美搜索 / 位于昆明市区西南 2 公里的滇池岸边的大观公园内，与西山森林公园隔水相望。

大观楼最吸引人的莫过于被称为"海内第一联"的大观楼长联

大观楼公园有近华浦和大观楼、楼外楼、花圃和柏园等游览区。园内花木繁茂、假山亭阁、小桥流水，景色极为优美。

园中最具观赏价值的大观楼临水而建，楼高三层，始建于康熙年间，因其面临滇池，远望西山，尽览湖光山色而得名。明初，黔宁王沐英在这里建"西园"。康熙二十一年（1682年），乾印和尚在近华浦始创观音寺。清康熙二十九年（1690年）云南巡抚王继文大兴土木，相继在近华浦建华严阁、催耕馆、观稼堂、牧梦亭、涌月亭、澄碧堂和大观楼，沿堤岸先后开辟浴兰渚、问津港、送客岛、适意川、合舟亭等景点，使近华浦成为"远浦遥岑，风帆烟树，擅湖山之胜"的游览胜地。民国初年，大观楼被辟为公园，唐继尧曾拨款修葺；1940年，在楼前池中竖三个白石墩，仿西湖"三潭印月"之景。从大观楼东侧彩云崖前过长堤，沿堤南下，可看到造型如"船"的楼外楼。

每逢佳节，这里常举行游园会，有时还举办传统灯会。中秋之夜，在大观楼俯视楼前水面，便可得杭州西湖"三潭印月"之风采，又称"长联印月"，是赏月游湖的好去处。

大观楼题匾楹联佳作颇多，最著名的当数由清代名士孙髯翁所作的180字长联，号称"古今第一长联"，垂挂于大观楼临水一面的门柱两侧。

TIPS

🔵 大观楼长联

五百里滇池，奔来眼底。披襟岸帻，喜茫茫空阔无边。看：东骧神骏，西翥灵仪，北走蜿蜒，南翔缟素。高人韵士，何妨选胜登临。趁蟹屿螺洲，梳裹就风鬟雾鬓；更苹天苇地，点缀些翠羽丹霞。莫辜负：四围香稻，万顷晴沙，九夏芙蓉，三春杨柳。

数千年往事，注到心头。把酒凌虚，叹滚滚英雄谁在？想：汉习楼船，唐标铁柱，宋挥玉斧，元跨革囊。伟烈丰功，费尽移山心力，尽珠帘画栋，卷不及暮雨朝云；便断碣残碑，都付与苍烟落照。只赢得：几杵疏钟，半江渔火，两行秋雁，一枕清霜。

大观楼公园内假山亭阁、小桥流水、景色优美

西山

006

最美理由 /
西山因位于昆明的西边而得名，但它还有另一个充满想象的名字——睡美人。远眺西山宛如一个横卧滇池之上的美人，这也几乎成了昆明引以为傲的景观。西山景区内，龙门因置于最高点而成为必到之处。站在

那里，滇池尽收眼底，烟波浩渺。每年阳春三月，昆明人有"三月三，耍西山"的习俗，场面热闹非凡。
最美季节 / 一年四季、三月初三
最美看点 / 龙门、太华寺、聂耳墓、三清阁
最美搜索 / 位于昆明市西郊15公里滇池西南

站在西山龙门石刻通道，五百里滇池尽收眼底

西山山脉连绵，由碧鸡山、华亭山、太华山、罗汉山、挂榜山等山峰组成。相传，有凤凰栖息于此，故称"碧鸡山"；因远眺群峰，既像一尊庞大的睡佛，又似一个美丽的少女仰卧在滇池畔，所以西山有"卧佛山"或"睡美人"之称。

西山森林茂密，花草繁盛，清幽秀美，景致极佳。明嘉靖年间杨慎在《云南山川志》中赞美西山"苍崖万丈，绿水千寻，月印澄波，云横绝顶，滇中一佳境也"。在明代，昆明西山与通海秀山、巍山巍宝山、宾川鸡足山，合称"云南四大风景名山"。

山上名胜颇多，名胜古迹分布在鸟语花香、层林叠翠的山腹之中，有华亭寺、太华寺、三清阁、龙门以及人民音乐家聂耳墓，南段还有观音山、白鱼口等游览及疗养胜地。若徒步登山，则沿途可观赏不同的景点。

华亭寺

位于昆明市西山森林公园的华亭山腰，依山临水，环境清幽，是昆明最大的佛寺，迄今已有900多年的历史。现存寺院是1923年由虚云大和尚重修，故又名"云栖禅寺"。

由碧峣精舍向南斜登山径，上华亭山，修竹蔽天，松荫夹道，在茫茫林海当中，一座饰以丹青的楼亭掩映在松柏林间，这便是著名的华亭寺门户——钟楼。寺内有大雄宝殿、天王殿、观音楼、撞钟楼、雨花台、放生池等古建筑。

太华寺

位于太华山上，居西山群峰之中，森林茂盛，为西山最高峰。太华寺始建于元代，由天王殿、大雄宝殿、缥缈楼、一碧万顷阁、水榭长廊及南北厢房组成。寺庙依山傍水，掩映在绿树翠竹之中，巍然耸立，颇为壮观。古朴典雅的建筑风格、烟波浩渺的五百里滇池、蜿蜒陡峭的太华峰，交相辉映，构成一派扑朔迷离、宁静和谐的迷人景色。

太华寺素以花木繁茂著称，尤以山茶、玉兰最有名。山门外有一株四五人才能合抱的老银杏，古干虬枝，距今已有600余年的历史。每到秋季金黄夺目。

聂耳墓及纪念馆

聂耳籍贯云南玉溪，却从小在昆明有名

西山太华寺

的花鸟鱼虫市场甬道街长大。聂耳墓位于南洋华侨机工抗日纪念碑与三清阁之间的山坳里，原于1938年春建在高跷山腰，1980年5月迁葬于此。聂耳墓呈"钢琴"形，庄严大方，7个花台表示7声音阶，24级石级表示聂耳享年24岁。聂耳纪念馆内陈列了聂耳的生平文物、照片等许多实物资料。

三清阁

三清阁位于昆明西山罗汉山腹，位于聂耳墓以南1公里。三清阁建筑在绝壁上，全靠锤凿而得立足之地，各殿缘山壁而上，层层叠叠，颇具特色。正如徐霞客所述，"愈上愈奇，而楼而殿而阁而宫，皆东向临海嵌悬岩间"，足可领略万千气象。

三清阁初为元梁王避暑行宫，明初改建为玉皇阁，后又增建灵官殿、三清殿、三丰殿、吕祖殿、元帝殿、真武殿、七真殿、张仙殿、老君殿、抱一宫、飞云阁、斗姆阁等，统称"三清阁"。三清阁内供奉着天宝君、太上道君、太上老君3个道教信奉的偶像，其他殿也各有所供奉。

在真武宫后有泉一方，泉内有一尊小牛

TIPS

◎ 贴士

1. 至今，昆明民间还保留有农历"三月三，耍西山"（农历三月初三上西山游玩）的传统，其实就是踏青。届时四方土民云集聚会，唱山歌、对小调、耍龙舞狮、野餐赏景，热闹非凡。

2. 达天阁是龙门的制高点，此处设有一个观景台。可以俯瞰滇池、昆明城，在此休息，赏景会很惬意。

◎ 周边景点：海埂公园

海埂公园位于滇池湖畔。公园南面连接碧波浩瀚的滇池，有 2.5 公里长的海岸线；西面是连接海埂公园至西山龙门的索道，仅一水相隔，遥相呼应。这里有画阁、石舫、观海长廊、葱绿的草坪、樱花林，以及冬春飞来的千万只海鸥。

上绝壁，一条傍山隧道沿悬崖峭壁屈曲起伏。洞口竖隶书"云华洞"大字石碑。云华洞南端，即龙门石窟。石窟平台洞口，凿"龙门"石坊。石窟内居中雕魁星立像，南雕文昌、北雕关圣坐像。

整个龙门石窟之神像、石壁、天棚、香炉、烛台、经文、楹联，均在原生岩石上雕凿而就。

像，俗称"牛井"或"孝牛泉"。相传明代曾有道士赵炼在此隐居，"苦无水，以牛载汲，垂二十余年矣，一日牛忽死，其处即陷为井，水味殊甘洌，虽盛暑不竭"。

龙门石窟

在西山东临滇池的一面，是一条长约数公里的大断层。在此断层南侧修筑了一条石刻通道。站其之上，五百里滇池尽收眼底。山顶有座"魁星阁"。途中有著名的"凤凰衔书"。因道中"达天阁"石坊上题有"龙门"二字，人们故称此为——龙门。

龙门北起三清阁，南至达天阁，是云南最大、最精美的道教石窟。紧靠三清阁建筑群的石窟称"凤凰岩"。凤凰岩向南，就断崖辟"普陀胜境"石坊洞门。入石坊，隧道螺旋蛇行，沿隧东向凿石窗，凭以望湖。前达"慈云洞、蓬莱仙境"石窟。由慈云洞往南再

龙门石窟是云南最大、最精美的道教石窟

金殿

007

金殿是中国最大的纯铜建筑

金殿始建于明万历三十年（1602年），明崇祯十年（1637年）铜殿迁宾川鸡足山，清康熙十年（1671年）平西王吴三桂重建。金殿，因大殿用黄铜铸成，阳光照耀下，光芒四射，映得翠谷幽林金光灿烂，故而得名"金殿"，又称为铜瓦寺。

金殿为重檐飞阁仿木结构方形建筑，殿高6.7米，宽、深各6.2米，总重250吨，是中国最大的纯铜建筑。大殿之内，梁柱斗拱、门窗瓦顶以及殿内供案、帏幔、真武帝君造像、匾额以及楹联，皆为铜铸。殿内的真武帝君坐像，风姿魁伟，面相庄严。旁边持剑肃立两旁的水火二将形象威武，铠甲衣纹铸工精美。

金殿公园内太和宫的大门上有一块大匾，匾上写着四个字"鹦鹉春深"，意为这里一年四季春意盎然。寺庙的大门叫"棂灵门"，门的两边有对联赞美此地风光和道家思想。金殿不仅是中国四大铜殿之一，而且是最重、保存最好的一个。

金殿之外还筑有城墙、城门、城垛，城上有楼。在殿后另有山茶一株、紫薇两株，相传为明代所种。太和宫内有一把重20公斤的七星宝剑，传说是真武伏魔制怪的镇山法宝；另有一把重12公斤的木柄大刀，相传是吴三桂用过的战刀。

世界园艺博览园　　　　　　　008

最美理由 /
昆明又有"春城"之称,因其四季气候宜人,鲜花繁盛。1999 年在昆明举办的世界园艺博览会就是以花卉和园艺为主题的, 也因此在园内种植了从寒、温到热带的许多名贵, 甚至是珍贵的花卉。至今, 到博览园一定不能错过的便是这些繁多而又种类齐全的植物品种。

最美季节 / 一年四季
最美看点 / 中国馆、人与自然馆、大温室主广场（新世纪广场）、科技馆
最美搜索 / 位于昆明市区东北 4 公里, 与金殿风景区毗邻。

世界园艺博览园

为 1999 年昆明世界园艺博览会的主会址, 占地 218 公顷, 园内主要包括五大展馆：中国馆、国际馆、人与自然馆、科技馆、大温室；六个专题展园：竹园、蔬菜瓜果园、药草园、盆景园、树木园、茶园；三大室外展区：国内室外展区、国际室外展区、企业室外展区, 组成规模浩大, 气势宏伟的国际公园。园内的建筑艺术和雕塑艺术融为一体, 加上各国馆内、园外各种珍贵植物, 花卉的装扮更把世博园衬托得五彩缤纷、耀眼夺目, 充分体现出人与自然和谐发展这一主题。

中国馆是 1999 年世博会最大的室内展馆, 它和人与自然馆、大温室主广场（新世纪广场）构成世博会主场馆区。中国馆的建筑风格结合汉代宫苑建筑与南方民居建筑, 绿瓦白墙, 绿色代表生命, 更是园艺的象征, 白色代表和平与和谐。中央内庭园分为江南庭园、北方庭园和大理庭园, 即集中表现了中国园林园艺风采。

TIPS

贴士
游览完可在园内乘缆车或登山上到金殿公园。

滇池

009

滇池是昆明人的母亲湖

　　素有"高原明珠"之称的滇池是昆明人的母亲湖。关于滇池的命名，有史料记载，因为湖边"滇"部落的存在而得此名，云南省的简称"滇"也源于此。

　　滇池为地震断层陷落型的湖泊，远处有西山相伴，故而为昆明这座高原城市增添了不少的湖光山色，更有孙髯翁的长联让其美名远播。位于昆明近郊的滇池可从不同的角度欣赏，如大观楼、西山森林公园、观音山、海埂公园、云南民族村等，最能体会"奔来眼底"之居高远眺的当数西山公园的龙门处，但读着长联做抚今思古状则非大观楼莫属，而海埂公园则是当地居民沿湖览景、休闲散步的首选。因为这里的视野更为开阔，当朝霞或余晖之际，衬着远处的"西山睡美人"最是高原之上的另一种柔情与温婉。

TIPS

贴士
　　可先到西山森林公园游览，再由龙门乘高空缆车游滇池，也可从大观公园乘船前往滇池。

九乡 010

最美理由 /
山、水、洞完美交融的喀斯特地质公园，是迄今为止世界上已发现的最大的地下溶洞。千姿百态、鬼斧神工的自然之力，总是让人类在面对它的时候除了震撼再无其他的感慨。

最美季节 / 一年四季
最美看点 / 荫翠峡、雄狮厅、惊魂峡、古河洞、神女宫、双飞瀑、神田、彝家寨、倒石
最美搜索 / 位于昆明东南90公里的宜良县九乡

九乡是山水洞完美交融的喀斯特地质公园

　　九乡拥有上百座大、小溶洞，为国内规模最大、数量最多、溶洞景观最奇特的洞穴群落体系，被称为"溶洞之乡"。

　　溶洞群发源于六亿年前的古老白云岩，洞中有洞，洞中有河，洞中有天，"九乡溶洞九十九，数完溶洞白了头"。现今主要景点有惊魂峡、荫翠峡、蝙蝠洞、卧龙洞、雄狮厅等。

　　惊魂峡是全国最大的一个洞内峡谷，峡谷最大的落差有上百米。它的形成是由河床不断下切而劈出，当年开辟游路，人攀洞壁而入，稍有不慎，便会掉进深渊，故取名惊魂峡。

　　荫翠峡又称情人谷，峡长千米，大半可划船游览。民间有比喻说："九乡美景一石，荫翠峡独占三斗。"荫翠峡两岸是峭壁苍崖，中间流淌着缓波碧水，再衬上蓝色的天幕和绿树的背景，宁静中不时有禽鸟啼唱，如诗如画。据说，这里过去是九乡彝族男女青年对唱情歌的地方。届时，男的在左岸，女的

在右岸，对上歌的，就从横在峡谷的树上跨过峡谷走到一起。

蝙蝠洞因此洞在开发前洞内有数以万计的蝙蝠栖息而得名，由于溶洞开发后，游人来得多，蝙蝠也就"搬家"了，现在洞名也只是徒有虚名了。该洞主要景观就是一片倒挂的钟乳石——地下倒石林景观。

卧龙洞洞中双飞瀑高达 30 米，枯水季节流量为 2 ～ 3 立方米 / 秒，洪水季节两瀑合二为一，如一条巨型黄龙，从悬崖上訇然而下，难分雌雄。

雄狮厅是一个穹顶倾斜的椭圆形地下厅堂，因南洞口钟乳凝石堆垒如雄狮而得名。雄狮厅体量高大宽敞，高度 20 ～ 30 米，长和宽的最大跨径均达到 200 米以上，总面积15000 平方米，是洞穴类型中厅堂厅溶洞的典型代表。

九乡还有一处奇特的景观就是神田。由碳酸钙堆积而起的浅水滩层层叠叠，有如元阳梯田，又如四川黄龙的景致，错落有致，流水潺潺。在溶洞内能形成这样大面积的钙华景观，是非常罕见的。

九乡还是很多电影的取景地，如《神话》《大兵小将》均在此拍摄。

萌翠峡两岸峭壁苍崖，中间缓波碧水

石林 011

最美理由 / 拥有世界上喀斯特地貌演化历史最久远、分布面积最广、类型齐全、形态独特的古生代岩溶地貌群落石林，被誉为"天下第一奇观"。

最美季节 / 每年农历六月二十四的"火把节"是游览大、小石林的最佳时间。
最美看点 / 阿诗玛景区、石林胜境、李子园箐
最美搜索 / 位于距昆明市 100 公里的石林县境内

石林有世界最奇特的喀斯特地貌

石林是阿诗玛的故乡。这里有世界上最奇特的喀斯特地貌，约3亿年前还是一片泽国，经过漫长的地质演变，终于形成了现今极为珍贵的地质遗迹。

石林是一座名副其实的由岩石组成的"森林"，穿行其间，怪石林立，突兀峥嵘，姿态各异。景区包括大小石林、乃古石林、长湖、李子园箐等，面积约 12 平方公里。

大、小石林

石林的主要游览区，由石林湖、大石林、小石林和李子园箐几个部分组成，游路 5000 多米。大石林由密集的石峰组成。这里的石林直立突兀，线条顺畅，并呈淡淡的青灰色，是石林景区内单体最大，也是最集中、最美的一处。其中有"莲花峰""剑峰池""凤凰梳翅"等典型景点，最著名的当数龙云题词"石林"之处的"石林胜境"，而"望峰亭"为欣赏"林海"的最佳处。人们行走在峰林间，没几步便被石峰挡道，曲折迂回之后，又是另一番天地。

与密集的大石林相比，邻近的小石林（阿诗玛景区）则显得疏朗、清雅。宽厚敦实的石壁像屏风一样，将小石林分割成若干园林。小石林里最有名气的景点当数"阿诗玛"。当夜幕降临，彩灯映照，"阿诗玛"更是五彩斑斓，妩媚动人。

乃古石林

乃古石林因俯视时像一片苍翠的松林而得名"黑松岩"，"黑"在彝族语中称"乃古"。乃古石林距离大石林约10公里的路程，由东区、西区、白云湖、白云洞、古战场等组成。登上峰顶，可以饱览一片黑色石海，还可以漫步林中，感受一下蛮荒的氛围。而且乃古石林地下处处有溶洞，用"峰上望、林中游、地下钻"来形容乃古石林的特点，十分贴切。

长湖

长湖位于李子园箐石林26公里处的维则乡维则村，坐落在海拔1907米的群山环抱中，湖长约3公里，宽仅300米，湖面呈长形，状若卧蚕，如身材颀长的少女，又似新月，得名长湖，因其深藏丛山密林之中，又称"藏湖"。这里是传说中阿诗玛的故乡，电影《阿诗玛》中的许多镜头便是在这里拍摄的。

湖中有4个小岛，岛上长满了野花山果，栖息着成群结队的水鸟。湖水清澈平静，从竹筏上可以清晰地看到一群群鱼儿不时在水中悠然自得地游过，岸边的青山绿树倒映其间，景色秀美。在这里可以乘竹筏在湖面畅游，可以在湖边垂钓，也可在湖畔徒步、爬山。湖岸还有帐篷出租，可在此夜宿，在清新的空气中，璀璨的夜空下，与彝族同胞一同参

石林是一座由岩石组成的"森林"

加火把晚会。

李子园箐

李子园箐在环林路以外，方圆数十里的荒山野丘上，布满了奇柱异石，有聚有散，有起有伏，而且没有过多的高树去夺石林之高峻，保持着自然的风貌，身处其间，感受与大、小石林截然不同。在环林路东南约300米处的丛林石壁上，有一片古崖画，画着奔放粗犷的人、兽、物、星月等图像，据有关专家考证后认为，这属原始宗教内容，与广西左江崖画的人物极为相似。

石林火把节

　　每年农历六月二十四是撒尼人的传统"火把节"，石林会举行盛大的斗牛、摔跤、歌舞活动来庆祝，附近的彝族都聚集在这里庆祝节日。

　　节日时的人们身着盛装，从四面八方云集到约定的会场。在昆明石林景区，每年的火把节，白天举行摔跤、爬杆，晚上燃起熊熊篝火，人们都围着篝火纵情歌舞，通宵达旦。除此之外，还有舞狮耍龙、歌舞阿细跳月、大三弦舞等极富特色的传统活动。

石林，阿诗玛的故乡

筇竹寺

012

最美理由 /
筇竹寺最为著名的是彩塑五百罗汉像，清代四川民间雕塑家黎广修（字德生）和他的助手经历了 7 年时间才完成的，至今彩塑颜色造型保留完好，是难得的雕塑精品

最美季节 / 一年四季
最美看点 / 五百罗汉、元仁宗颁赐的"圣旨"
最美搜索 / 位于昆明西北郊的玉案山上，距城区 12 公里

筇竹寺是昆明的佛教圣地

玉案山群峰秀拔，山中林壑幽深、竹滴翠荫、山泉叮咚、白云环绕，风景秀丽，古刹筇竹寺就掩映于密林之中。筇竹寺为昆明的佛教圣地，驰誉中外的五百罗汉的彩塑就在这里。

筇竹寺现有三重院落，依山势而建，依次是山门、大雄宝殿和华严阁。五百罗汉塑像就分布在大雄宝殿两壁及大殿两侧的梵音阁和天来阁中，几百个人物塑像各呈奇姿，形象逼真，个个栩栩如生，是驰名海内的泥塑艺术珍品。它的塑师是黎广修。他在四川宝光寺塑完五百罗汉像后，来到昆明主持这一浩大工程，表现出了卓越的艺术创作才能。有趣的是，在筇竹寺五百罗汉中，还有位"耶稣罗汉"。它反映了 19 世纪末，西方传教士已在云南地区传播基督教。

筇竹寺还保留元仁宗颁赐的"圣旨"，钦命玄坚为该寺住持。圣旨镌刻为碑，现立于大殿左侧，是研究元代云南寺院经济、口语特点、佛教发展的重要实物资料。

东川红土地

013

最美理由/
红土地的红土以最集中、最典型、最具特色的形式生动地诠释了"云南红土高原"这一称谓。如今也成为旅行和摄影爱好者的必到之处，春天可以拍摄到水田灌溉后的景象，秋天则是一片金黄，冬天的雪景则层次叠落，四季各有看点。

最美季节/最好的摄影季节是5、9、11月份，这里的景点比较多，不同的光线有不同的效果，土地最红的时候是在下过大雨后的一两天。

最美看点/红土地以花石头村为中心，主要的景点有打马坎、七彩坡、锦绣园、乐谱凹、独树、月亮田等。

最美搜索/位于距昆明东川的花石头村（109公里路牌处）附近

去东川，你会不禁感叹天地间竟有如此浓烈的色彩

东川红土地是全世界最有气势的红土地之一。在东川，方圆数百公里都是红土，一部分的红土地翻耕待种，另一部分的红土地被种上绿绿的青稞或小麦，远远看过去，就像上天涂抹的色块，色彩艳丽饱满。去了东川，你会感叹天地间还有如此浓烈的色彩。山川和原野呈现出一片片暗红、紫红、砖红等不同的红色，方圆数百里大大小小的山头、山坡上，油菜花、洋芋花、金色麦浪在清凉的山风下如碧浪般翻滚，一层绿，一层白，又一层红，一层金。鲜艳浓烈的色块一直铺向天边，看似漫不经心，却又形成如仙境般五彩缤纷的图案。

红土地以花石头村为中心，从"水坪子

梯田"起至"打马坎"止，方圆几十公里的范围，主要的景点有打马坎、七彩坡、锦绣园、乐谱凹、独树、月亮田等。随处都是大块的红土地，色彩斑斓，景色壮美。

打马坎的清晨，村子里袅袅的炊烟和红土地上升腾的晨雾与云海是拍摄的最佳时间。七彩坡、锦绣园可以从不同的角度欣赏大地的色块，以早晨和黄昏时候为佳。不同季节山坡上不同的地块有不同的色彩，勤劳的农民在其中耕作或收获。

乐谱凹位于花石头村旁边，108公里碑附近。错落有致的小村庄点缀着红土地，是黄昏欣赏田园风光的好地方。陷塘被誉为最壮观而神秘的一块红土地，景色梦幻。

七彩坡、锦绣园以下午拍摄较好，在乐谱凹和花石头村附近可以拍到晚霞。独树又名神树，是一棵巨大古老的松树，在一个山头孤独地守护着这片土地。在109公里碑附近的村子旁有一个三岔路口，一边通往打马坎，一边通往独树、月亮田。月亮田傍晚时景色最佳，夕阳照在有水的田垄里，光线反射出来，远远望去，犹如一道道明月。

TIPS

美食

东川的牦牛干巴肉质细腻，不膻不腥，满口溢香，牦牛火锅鲜香异常。荞粑粑蘸蜂蜜是非常珍贵的一道山野风味的名吃。东川有种酒叫"闷倒驴"，口感很好，绵长醇厚，后劲十足。

"六月六"丰收节

东川区是东川唯一的布依族人口聚居区，也是目前昆明最大的布依族自然村之一。"六月六"丰收节是布依族一年一度的传统节日。身着节日盛装的布依族同胞们载歌载舞，气氛热烈。

不同季节，山坡上的不同地块会有不同的色彩

轿子雪山   014

最美理由 /
云南最不缺的就是雪山，但轿子雪山因为是离昆明市区最近的一处雪山而吸引了许多的游人。这座垂直海拔3000多米的雪山上，以天池、死亡林、高山草甸最有特色，尤其是冬季初雪的到来，白色的童话世界，晶莹剔透、银装素裹。

最美季节 / 冬季、春季、夏季

最美看点 / 轿子雪山以奇峰、秀水、冷杉、杜鹃为四绝，这四绝主要集中在惠湖景区内。此外，高山草甸、冰瀑雪岩、奇花异木、不朽琼林和云海佛光等景观都是美不胜收。

最美搜索 / 位于昆明市北禄劝县务蒙乡境内，距离昆明约200公里。

轿子雪山是云南纬度最低的冬季积雪的山峰

轿子雪山山势险峻，有数座山峰远看犹如轿子，故名轿子雪山。轿子雪山是云南纬度最低的冬季积雪的山峰，有着独特的自然景观，每年春季有几十种杜鹃花盛开在山间。加之山上大小不等的高山湖泊、高山草甸，素以"高山湖泊""冰雪世界""杜鹃花海""云海""日出""佛光"著称。

轿子雪山几乎荟萃了最著名的景观，拥有碧塔海般的静谧湖水，玉龙雪山般的雪原，高黎贡山的杜鹃花海，黄连河景区的瀑布群，香格里拉的草甸等，著名的有雪山天池、木梆海、精怪潭3个湖泊。天池水清如碧，湖光山色交相辉映，秀丽清幽。春夏之际，杜鹃无处不在。

四方景

置身四方景,环视四方,极目所至,苍山如海,诸峰成丸。由于特殊的立体气候和山形地貌,四时风光各异。因四方有景而得名。

下坪子

地处轿子雪山核心景区,杜鹃花、高山箭竹及溪流、瀑布是下坪子景区的四大特色。春夏,松风中挟着万亩杜鹃花的芬芳,铮铮琮琮的山溪流荡着千年轿子雪山的神采,整个下坪子山谷中都充满着生机与活力。冬时,这里则是一个纯净优美的童话世界。

大黑箐

面积上千亩的大黑箐中,不但所谓的冷杉、杜鹃、一枝蒿三宝俱全,而且,在这里几乎能找到轿子雪山中所有有代表性的植物种类。轿子雪山号称"中草药的宝库",遍布山谷的奇花异草中,岩白菜、虫草、贝母、大白米等多种药材在大黑箐中都有生长。

花溪

因溪在花丛中、花逐溪水流的绝妙景观而得名,这里水源主要由景区积雨和冰雪融化汇聚而成。花溪在流经大黑箐景区后,跌进普渡河,汇入金沙江,直奔大海而去。

瀑布(冰瀑)

轿子雪山瀑布众多,花溪流域和神仙坝(当地称施家漩塘)一带尤其集中分布。花溪流域有着相对集中的瀑布群,其中,规模较大的瀑布有姐妹瀑、鹃花四瀑、双叠瀑、滴水岩瀑、月亮岩瀑。观赏鹃花四瀑的最佳时节是夏季,特别是雨后初晴最佳;每年 5 ~ 10 月是观赏双叠瀑的最好时段。由于轿子雪山的瀑布多分布于高海拔地区,各个瀑布都呈现明显的季节变化的共同特征,冬季,这些瀑布凝聚成形态各异的冰瀑,是轿子雪山的一大壮美景观。其中,花溪姐妹冰瀑、鹃花四冰瀑、月亮岩冰瀑尤甚。

惠湖

位于轿子雪山主峰轿子峰西边,以惠湖为中心的高山景区是轿子雪山景区的核心部分,惠湖则是轿子雪山风景区的灵魂。海拔 4100 米左右的惠湖风景区内,有一系列冰雪融化而汇集成的高山湖泊,其中,水域面积较大的有三个:大海、小海、木梆海。在 4100 多米的高海拔地区,惠湖周围的地区气候瞬息万变,令人难以捉摸。隆冬时节,惠湖是轿子雪山风景区中最有特色的景观。

轿子雪山峡谷中开满杜鹃花

抚仙湖   015

最美理由 /
观湖、品鱼是抚仙湖旅游的两大亮点。如果说，高原湖泊在云南并不在少数，抚仙湖也没有特别过人之处，那么在湖边品尝此处特有的抗浪鱼便是此处景点一定不能错过的旅游项目了。

最美季节 / 每年 3 ~ 9 月捕捞抗浪鱼的季节
最美看点 / 观湖、品鱼
最美搜索 / 位于澄江县南 5 公里处，距昆明 60 多公里。

抚仙湖是珠江源头第一大湖

　　抚仙湖湖岸线长达 93 公里，需要 3 ~ 4 小时才能驱车环湖一周，这是我国最大的深水型淡水湖泊，也是珠江源头的第一大湖。唐樊绰所写的《蛮书》称抚仙湖为大池，宋大理国在澄江设罗伽部，故称湖为"罗伽湖"，明时始称"抚仙湖"，又称"澄江海"。

　　由于汇入抚仙湖的水，首先流入星云湖进行沉淀，再经过 1 公里长的海门河入抚仙湖，因而抚仙湖水清而呈蓝绿色，透明度可达 7 ~ 8 米。明末徐霞客在日记中写道："滇流多浑浊，唯抚仙湖最清。"

　　抚仙湖是云贵高原上一颗晶莹的明珠，波涛翻动时，白浪如朵朵睡莲竞相开放；无波时如明镜般一片澄清碧绿。远山近水，洲岛错落，使人心旷神怡，爽快清新。湖畔沙滩洁净细软，是极好的游泳之地，也可以在湖畔露营，在湖中泛舟。湖内出产20多种经济鱼类，其中尤以抗浪鱼最负盛名。

禄充村

位于抚仙湖西岸。景区内渔村风情浓郁，盛产名贵鱼种抗浪鱼，景区背山面海，古树成荫，人杰地灵，历史上有"一门双进士，百步两翰林"的美称。景区有风光秀丽的抚仙湖、形如笔架的笔架山、状如金钟的玉笋山、浓荫蔽日的古榕树，以及古老独特的车水捕鱼等景观。禄充大洞位于村南，地下泉水水温常年保持在24℃左右，源源不断流入抚仙湖。夏秋时节，渔民们用水车车水捕捞成群结队逆水而上的抗浪鱼群，是这里的一大奇观。

孤山岛

位于湖中西南面，面积约6万平方米，南面与海门公园相隔，距岸边约1公里。岛上孤山寺为明清古迹，其他亭台楼阁为后人重建。每到农历六月初六，当地人便前往孤山做庙会。

界鱼石

界鱼石位于江川县海门，海门为星云湖的出水口，这里有星云湖和抚仙湖相通的水道，被称为隔河，长2公里，河中有一堵伸到水面的嶙峋石壁，据说星云湖的大头鱼和抚仙湖的抗浪鱼以石为界，到此便各自掉头而返，因此被称为界鱼石。

滇流多浑浊，唯抚仙湖最清

彝人古镇 016

最美理由 /
一处因旅游兴起而新建的古镇，集当地文化特色、美食、住宿等为一体，是了解彝族语言化的一个很集中也很丰富的集合体。

最美季节 / 一年四季

最美看点 / 古戏台彝家的拦门酒，老虎笙、大锣笙、毕摩踩火红的铁犁头绝技。

最美搜索 / 位于楚雄市经济开发区永安西路，地处城西的龙川江畔。

彝人古镇是体验彝族风情的好地方

这个以彝族民居、文化特点构建起来的小镇，让人仿佛置身于一个真正的彝家集镇里，看他们最炫目的服饰、赏最绚丽的舞蹈、听最动听的芦笙演奏，当然还有最多的、琳琅满目的当地特产。入夜，还有酒吧和酒吧里那些天生就有好嗓音的土著歌手的表演。其中"彝人部落"景区安排的"天天长街宴，夜夜火把节"活动，是专为游客体验彝家风情而准备的。

彝人古镇的主要景点有望江楼、桃花溪、德运广场、古戏台、咪依噜广场、梅葛广场、火把广场、彝人部落、土司府等。

TIPS

◎ 火把节

火把节是彝族、白族、纳西族、基诺族、拉祜族等民族的古老而重要的传统节日，被称为"东方的狂欢节"。彝族的火把节是农历六月二十四，主要活动有斗牛、斗羊、斗鸡、赛马、摔跤、歌舞表演、选美等。

🍴 彝族美食

彝族的美食在云南独树一帜，而彝人古镇的美食街也是当地人最热衷前往的地方。每年六七月，野生菌成熟的季节里，这里的野生菌品种和品质在全省首屈一指。

十月太阳历

据推测，彝族十月太阳历，源于远古伏羲，把中国的文明史追溯到古埃及、古印度、巴比伦三个文明古国之前，被称为当时世界上最精确和最简便的天文历法，与现在通行的公历也相差不大。

彝族十月太阳历以 12 属相回归纪日，3个属相周期为一个时段（月），即 36 日为一月，30 个属相周为一年。1 年 10 个月，360 日，10 个月终了，另加 5 日"过年日"，习称"过十月年"，全年为 365 天。每隔 3 年多加 1 天，即闰年（闰日），为 366 天。

现在，楚雄市区内就建有彝族十月太阳历文化园，广场中间红、白、黑等多种颜色的花岗岩墙壁上雕刻着彝族十月太阳历的发明过程和计算、换算方法，彝族的产生和发展历程以及彝族古代文明成果等通过文字记叙、图画说明，这个雕塑广场被称作"一部浓缩的彝族历史"。

这里有最炫目的服饰、最绚丽的舞蹈

黑井古镇 **017**

最美理由 /
这里至今仍尚存元、明、清时期的石塔、碑刻、文庙、
大龙祠、古戏台以及具有浓郁地方特色的民居古宅，
风格古朴、稳健。三坊一照壁、四合五天井、走马串
角楼、一颗印以及颇具西方建筑风格的深宅大院比比
皆是。

最美季节 / 一年四季
最美看点 / 节孝总坊、武功将军墓、武家大院
最美搜索 / 位于楚雄州陆丰市黑井镇

如今的黑井仍然尚存着元、明、清石塔、雕刻、文庙、民居、古戏台

黑井自汉朝起开井煮盐，曾是产盐重镇，称为"盐都"。早在 2500 年前，居住在这里的彝族先民就开凿了盐井。战国时代，黑井就以其"磋卤之利"而成为人们争夺、攻守的重要地区。汉代曾在今安宁和姚安两地设过"盐官"到黑井办盐。唐代黑井属姚州盐督府，有"盐泉"之称，奉有"产盐洁白味美览赎城"之美誉。元代属威楚路定远县辖，

明代隶属楚雄府定远县，清亦同，均称之为"黑盐井"。

黑井是云南几大盐产地之一，所产的盐质高味正、渗透力极强，有"两迤名高第一泉"的美誉。黑井的盐税在明清时期是云南省的纳税大户。畅销各地的黑井盐，给黑井的发展乃至辉煌奠定了深厚的物质基础。当时的黑井，不但经济发达，而且文化昌盛，仅清

康熙到光绪年间，就有8人中进士。元、明、清三代，在黑井这块两山夹峙的弹丸之地，就建盖庵堂寺庙56座、文笔塔5座，还留下了不少很有历史价值和艺术价值的古碑。

如今的黑井完整保存有明清时代城镇格局，沿龙川江两岸，五马桥把古镇东西相连。镇上还有文庙、节孝总坊、诸天寺、飞来寺、五马桥、黑井文笔塔、摆衣汉文笔塔等古建筑；还有一块万春山真觉禅寺记碑、六尊古墓翁仲，几条青石板铺成的古老街道和几幢古色古香的走马转角楼。

黑牛盐井在武家大院一侧，为斜井，洞前是一个废弃的卤池。入洞门，顺石级而下，几米深处便见卤水。盐井深达百米，石级路左弯右拐，可供两人擦肩而过，灶丁背卤水而上，以供熬盐。古盐坊曾是黑井造盐的核心之地，保存有水车、晒卤台以及煎盐的工棚，现在依然在进行制盐演示，也可以自己动手制作，可自制或购买小包装土色土香的黑井小锅盐作为纪念品。

TIPS

🍴 **美食**
黑井特色小吃为炒石榴花，晒干石榴花浸泡后，同韭菜一起拌炒；盐闷鸡，是用黑井盐熏的，味道独特，武家大院制作最出名。

黑井小灶酒

武家大院

是清代黑井第一大盐商武家的大宅，为黑井镇首富。武家大院始建于清道光十六年（1836年），至咸丰七年（1857年）扩建完毕。大院坐西向东，依山就势而建，顺江呈"王字形，纵一横三"，由4个天井、99间房、108扇门组成，布局独特，为云南罕见。站在武家大院南厢房三楼，可鸟瞰黑井镇全貌。

龙祠

兴建于明代，是云南境内最大规模的古戏台。龙祠呈明代建筑风格，其房顶木架呈"米"字形，柱头雕有以龙为主的12生肖动物图样，雄浑精巧。龙祠内悬挂的牌匾是清雍正皇帝所题写，上书"灵源普泽"四个大字。此匾长2米多、宽80厘米，匾上雕有9个龙头。"灵源普泽"四字也正是清雍正皇帝对当时黑井卤水惠泽普天下的评价。

庆安堤

庆安堤位于龙沟河和龙川江的交汇口，始建于明末，于清道光年间完工，是一座由红砂石建成的大坝，从古至今一直发挥着防洪作用。

元谋土林

018

元谋土林以苍凉悲壮取胜

　　元谋土林在元谋县有多处分布，面积约50平方公里。一踏进土林，那千姿百态的造型，就仿佛使人进入另一片新奇的天地。有的土柱如锥似剑，直指蓝天；有的像威严武士，整装待发；有的如亭亭少女，凝视远方；有的土柱顶上杂草丛生，间或长有野花；有的沙石累累，裸露身躯……充满神奇魅力的元谋土林吸引了众多的摄影家、地质学家、导演前来，如《无极》《千里走单骑》等电影就曾在此取景。

　　元谋土林中最为壮观的是浪巴铺、班果、物茂3处，居国内土林奇观之首。

物茂土林

　　物茂土林位于元谋县物茂乡罗兴村委会，又称虎跳滩土林，总面积为8平方公里，发育于一套河流相间砾石层、沙层夹黏土层的地层中，主要由一条主沙箐和34条幽谷组成。千奇百怪的土柱造型、深远宁静的幽谷地缝、高悬半空的洞穴天门、原始粗犷的沙沟荒漠、怪模怪样的五彩奇石和种类繁多的远古植物化石，组成了景区内丰富的景观。虎跳滩土林的景点分布在主沟和支沟两侧，而佳景大多集中在支沟两侧。欧亚奇观是虎跳滩土林最佳景观，这里土林高大挺拔，造型大都似古代宫廷殿堂，中西合璧，相映生辉。元帅府土林以动物造型为特色，惟妙惟肖。古堡幽情以赤、褐、黑三色土帽盖顶而取胜。物茂土林东南 600 米处有虎跳滩瀑布，落差不大，但为土林增添了动感。

班果土林

位于元谋县城西 18 公里平田乡南 400 米沙河处，总面积 14 平方公里，是元谋面积最大的土林。班果土林保持了土林的原始风貌，显示出土林的雄浑壮观。土林的土柱表面夹杂有闪烁的石英砂和玛瑙片砂，如同镶嵌了宝石，在阳光的照耀下，五光十色。班果土林也是陈凯歌所导演的《无极》的主要拍摄场地。

浪巴铺土林

浪巴铺土林又名新华土林，位于元谋县城西 33 公里处新华乡境内，土林高大密集，类型齐全，圆锥状土柱发育尤为完好，一般高 8 ～ 25 米，最高达 42.8 米，居元谋土林单体土柱之冠。浪巴铺土林周围山势较缓，满山的云南松幼四季翠绿，村庄稀疏。一条流沙河溪水从土林中间蜿蜒曲折流向浪巴铺水库，犹如一条舞动的银绿色飘带。从远处看新华土林，就像一座座富丽堂皇的宫殿，走进去犹如置身于古堡画廊中。

TIPS

⊙ 贴士

1. 雨季的土林道路十分泥泞，非雨季时阳光又很厉害，需要做好防晒防暑准备。

2. 每天早晨和黄昏是游览土林较佳的时机，光线也很适合摄影。

近看，土林如一组工程巨大的艺术群雕

大理，一路向北

　　就是以大理为界，一路向北，海拔越来越高，最终到达海拔6740米的云南最高峰——卡瓦格博峰，这就是滇西北。这一线坐拥了云南旅游黄金地区：大理、丽江、迪庆，也是白族、纳西族和藏族的聚居地，而每个热爱云南的人都不可能不知道，苍山洱海、四方街、束河古镇和梅里雪山，而且，这里也是"茶马古道"云南段中自然条件最为艰险、风光最为绮丽、民俗最为丰富的一段

大理古城 01

大理古城呈方形，开四门，上建城楼，下有卫城

大理古城简称榆城，东临碧波荡漾的洱海，西依常年青翠的苍山，形成了"一水绕苍山，苍山抱古城"的城市格局。从779年南诏王异牟寻迁都阳苴咩城算起，已有1200年的建造历史。现在的大理古城是明朝攻占大理后修建。城呈方形，开四门，上建城楼，下有卫城，更有南北三条溪水作为天然屏障，城墙外层是砖砌的。城内街道都是南北、东西走向，是典型的棋盘式布局。古城的建筑为清一色的青瓦屋面。现在仅存南"承恩"、北"安远"两门。

复兴路

由南城门进城，一条直通北门的复兴路，成了繁华的街市。沿街店铺比肩而设，出售大理石、扎染等民族工艺品及珠宝玉石。街巷间一些老宅，也仍可寻昔日风貌，庭院里花木扶疏，鸟鸣声声，户外溪渠流水淙淙。

不过，与复兴路垂直交叉的人民路已取而代之，成为大理古城的重要步行街。这里聚集了来自全国各地的文艺青年，他们把自己"放逐"在这山水之间，出售自己的手作以换取生存的基本需求，或者路费，所以人民路呈现出十分文艺派的气质，几乎取代了洋人街的地位。

洋人街

原名"护国路"，意为民国初云南人民反对袁世凯称帝，起兵护国而得名。起初大理古城定为开放旅游的主要景点时，护国路西段的红山茶宾馆被定为涉外宾馆，护国路便成为外国游客在大理的集散地。因此招待所附近逐渐集中了各种中西风味店、茗茶座、珠宝店、古董店、扎染店、画廊，铺面林立两侧，琳琅满目。而且经过外国旅行者口口相传和旅游书推荐，招待所和这条街名声在外，成为大理古城一大特色，因此被称为"洋人街"。

TIPS

美食
乳扇、巴肉饵丝、木瓜鱼

文献楼

位于大理古城南门外1公里，素有"古城第一门"之称，是大理古城的标志性建筑。始建于清康熙年间。楼额悬挂云南提督偏图于清康熙四十年（1701年）所题的"文献名邦"匾额，故名文献楼。"文献名邦"匾两侧有清代邑人周仁所写的长联："溯汉唐以还，张叔传经，杜公讲学，硕彦通儒代有人，莫让文献遗风暗消在新潮流外；登楼台而望，鹫岭夕阳，鹤桥小路，熙来攘往咸安业，但愿妙香古国常住于大世界中"。

大理古城处处洋溢着文艺派的气质和时尚的气息

大理的"风花雪月"

　　大理以"风花雪月"四大奇景闻名天下，每当冬春时节，山茶花、馨兰争芳斗艳，苍山如屏，山顶常年积雪；洱海如镜，碧波万顷，白帆点点……"下关风、上关花、苍山雪、洱海月"。

　　下关风：大理的下关（地名）是一个山口，这是苍洱之间主要的风源，风期之长、风力之强为世所罕见。一年之中很少有不刮风的时候。下关风平均风速为每秒 4.2 米，最大风速达 10 级，并且还产生一种蹿上而复下跌的自然奇怪景象：如人朝北走，风自南面吹来，风揭走人头上的帽子，自应落于身前，谁知是落在身后，人们对此奇异现象，称为"下关风"。

　　上关花：大理气候温和湿润，"冬止于凉，暑止于温"，最宜于花木生长。于是，爱花养花也成了白族人民的一种生活习俗。上关（地名）是一片开阔的草原，鲜花铺地，姹紫嫣红，所以人称"上关花"。

　　苍山雪：经夏不消的苍山雪，是久负盛名的大理"风花雪月"四景之一，也是苍山景观中的一绝。寒冬时节，百里点苍，白雪皑皑，阳春三月，雪线以上仍堆银垒玉。最高峰马龙峰的积雪更是终年不化，盛夏时节山腰以上苍翠欲滴，而峰巅仍萦云载雪。

　　洱海月：洱海的水，透明度较高，湖面碧波荡漾，每当风和日丽的夜晚，明月在海中随波漂荡，洱海月色，令人惊叹。每到农历八月十五的中秋节晚上，居住在大理洱海边的白族人家都要将木船划到洱海中，欣赏相映在海中的金月亮，天光、云彩、月亮和海水相映在一起，形成一幅优美的图画。

大理古城城墙

苍山 02

最美理由 /
经夏不消的苍山雪是大理的"风花雪月"四景之一。苍山虽不算高，却体量不小。所谓苍山"十九峰、十八溪"，巍峨雄壮，峰峰有景。

最美季节 / 一年四季
最美看点 / 玉带路、中和寺、九龙女池、清碧寺三潭、感通寺
最美搜索 / 大理

经夏不消的苍山雪是苍山景观中的一绝

苍山又名点苍山，东临洱海，共有雄峙嵯峨的 19 峰。苍山十九峰，海拔一般都在 3500 米以上，最高的为 4122 米，每两峰之间都有一条溪水奔泻而下，流入洱海，这就是著名的十八溪，溪序为：霞移、万花、阳溪、茫涌、锦溪、灵泉、白石、双鸳、隐仙、梅溪、桃溪、中溪、绿玉、龙溪、清碧、莫残、葶溟、阳南。

"风花雪月"中以"苍山雪"最为著名。经夏不消的苍山雪是苍山景观中的一绝。寒冬时节，百里点苍，最高峰马龙峰的积雪更是终年不化。盛夏时节山腰以上苍翠欲滴，而峰巅仍紫云载雪。与此同时，苍山云景也是变幻万千，其中以"望夫云"和"玉带云"最为出名。

TIPS

📍 **贴士**

玉带路、苍山云对于一般的旅行者来说是苍山景观中最值得关注的。玉带路是置身山中看美景，而苍山云则是远眺行云飞渡。至于更美的山峰和山涧的溪流则需要更多的时间和体力才能达到，一般旅行者还是不建议尝试。

📷 **周边景点：天龙八部影视城**

背靠苍山，东临洱海，东距大理古城 1.5 公里，是以《天龙八部》影视剧的设计和构想建造的大型影视拍摄基地。

影视城主体建筑有城墙、城门、皇宫、王府、大理街、女真部落、西夏城等。《天龙八部》中描写的聚贤庄、信阳城马夫人家、无量山石洞房，西夏石窟，大碾坊，以及木，铁古桥及客寨，茶花园等都能在这里看到。

玉带云游路

从大理古城乘苍山索道到中和寺后，可看到一条青石板路从中和寺背后横行穿过，这便是长约 18 公里的苍山玉带云游路。

玉带云游路南起苍山马龙峰，止于应乐峰，把云南最高的苍山电视转播台和半山的风景点桃溪、中和寺、龙凤眼洞、七龙女池、清碧溪、感通寺连接起来。行走于游路上，可览苍山奇峰异石，林泉飞瀑。

中和寺

中和寺始建于唐南诏国时期，因位于苍山中和峰而得名，供奉佛、道、儒三种宗教，曾被清朝康熙皇帝赐匾"滇云拱桥"，是大理著名的道教寺观之一。现在仅存的凌霄宝殿和聚仙楼是清光绪二十六年（1900 年）重修中和寺的建筑。

在中和寺南面的山涧里有两块巨大的岩石，两块岩石相对峙，形状像石门，溪水从两块岩石中间流出来，被称为"双石门"。

感通寺

位于点苍山圣应峰南麓，距大理古城约 5 公里，背靠四季积雪不化的苍山，面对烟波浩渺、白帆点点的洱海，集天地间灵气于一身。感通寺始建于南诏初年，以环境清幽、殿宇轩昂、香火旺盛而被誉为"西南胜览无双寺，苍洱驰名第一山"。

清碧溪

也称"青龙潭"，是苍山十八溪之一，在苍山马龙峰与圣应峰之间，被公认为是苍山十八溪中风光最美的一溪。溪水在山腰汇为上、中、下三潭，然后流下成溪，蜿蜒曲折流入东面洱海。

苍山

洱海

03

洱海一直以来被称作"群山间的无瑕美玉"

　　洱海位于云南大理市区的西北，为云南省第二大淡水湖，据说因形状像一个耳朵而取名为"洱海"。西面有点苍山横列如屏，东面有玉案山环绕衬托，空间环境极为优美，"水光万顷开天镜，山色四时环翠屏"，湖内有"三岛""四洲""五湖""九曲"之胜，素以"高原明珠"著称。湖水清澈见底，透明度很高，自古以来一直被称作"群山间的无瑕美玉"，是大理"风花雪月"四景之一"洱海月"之所在。

　　从空中往下看，洱海宛如一轮新月，静静地倚卧在苍山和大理坝子之间。泛舟洱海，给人一种"船在碧波漂，人在画中游"的诗画般的意境。洱海公园是观赏苍山洱海景色的好处所。

"坐看云起时"应该是洱海上最美的风景了

洱海公园

位于洱海南端的洱海公园是游览苍山洱海风景区的第一站。公园内有一座椭圆形的小山，因山的形状而被当地人叫作"团山"。8世纪，这里曾是南诏王的养鹿场，称为息龙山。三五成群的马鹿在山上啮草，"呦呦"的鹿鸣远近可闻。洱海公园占地约864亩，山上山下林木繁茂，亭、台、楼、榭相互呼应，已成为大理市规模最大、设施较为完善的大型综合公园。洱海水温即使在冬季最冷的时候也在7℃左右，特别适宜冬泳。

小普陀

小普陀始建于明代，1982年重修，为亭阁式两层建筑。一层祀如来菩萨，二层祀观音菩萨。小普陀地处下关至双廊和蝴蝶泉的海面旅游线上，游船到此，都要停靠海岛，让游客登上小普陀，观赏洱海风光。

小普陀岛是洱海里风光明媚的景点，虽然小，但名气很大，在介绍大理的画册中少不了它。

南诏风情岛

南诏风情岛是大理洱海三岛之一。岛上由沙壹母群雕码头、海景别墅、云南福星—阿嵯耶观音广场、南诏避暑行宫、白族本主文化艺术广场、海滩综合游乐园、太湖石景群落及渔家傲别景等组成。

岛上风光旖旎，海天一色，风月无边；千年古榕枝繁叶茂，幽穴古洞盘曲交错；岛屿四围水清沙白，苍洱百里壮景尽收眼底，故素有"大理风光在苍洱，苍洱风光在双廊"之美誉。岛上的标志性建筑就是高17米的汉白玉观音拜弥勒佛雕像，在很远的地方就能看到。

双廊

坐落于东岸的双廊从前只是一个小渔村，是东部海岸眺望苍山洱海的最佳位置，因当地画家赵青、舞蹈家杨丽萍等人在这里兴建了自己的住所，而引来了无数的游人。双廊这一带的白族村落也远较西岸的清静。如今，这里已成为云南十分有名的一个度假地。

小渔村现在最重要的景区就是玉几岛和岛上青庐，以及太阳宫，但都已辟为酒店，所以，到这里来主要是度假，在海景房里观景看云，然后就是骑车环湖。

TIPS

◎ 贴士

1. 这一带都是度假的首选地，所以客栈很多，价位也因所处的地理位置不同而有差异。

2. 如今，除了人满为患的双廊村外，离古城更近一些的才村、龙龛也都成了游人停留最多的地方。

◎ 三道茶

指的是"苦茶""甜茶""回味茶"，含义上寓意人生为"一苦""二甜""三回味"的哲理。在白族婚事、节庆期间专饮"三道茶"。

◎ 周边景点：才村

才村地处洱海西岸。蔚蓝的天空和碧绿的海水在阳光照耀下，把田野上一幢幢青瓦白墙的白族民居映衬得格外秀美。这里居住的白族同胞世世代代以打鱼为生。每逢节日，村里人依然保持着白族传统习俗，舞龙、祭祀等。在这里，可以悠闲地享受农家乐、渔家乐，体验着白族文化，欣赏浓郁的田园风光、湖滨美景。

洱海周边已经成为度假的不二之选

崇圣寺三塔

04

最美理由／
　　这是大理的标志和象征，是《天龙八部》中香火鼎盛的"天龙寺"。三塔浑然天成，以终年积雪的苍山为背景，以碧波荡漾的洱海为前景，展现出一种自然、典雅之美。

最美季节／一年四季

最美看点／三塔、三塔倒影

最美搜索／位于大理古城北约2公里处

崇圣寺三塔

　　从地理位置上看，大理处于东西文化交叉路口上，这也成就了大理的文化传统和气质。历史上，大理一度寺院云集，苍山十九峰，几乎峰峰都有寺庙无数，故又有"妙香佛国"之称。

　　崇圣寺三塔修建于南诏国第十代王时期（824～859）。先建主塔"千寻塔"，后建南北小塔。崇圣寺建成之后即为南诏国、大理国时期佛教活动的中心。大理国有"佛国"之称，在位的22位国王中有9位在此出家为僧，所以崇圣寺及三塔所享有的地位可想而知。

　　三塔的主塔高69.13米，为方形密檐式

空心砖塔，一共有 16 级，属于典型的唐代建筑风格。塔顶有金属塔刹宝盖、宝顶和金鸡等，底部镶嵌着镌刻在大理石上的"永镇山川"四个大字，此为沐英后裔明代黔国公孙沐世阶所书。

三塔中的南、北二小塔在主塔之西，与主塔等距 70 米，南北对峙，均为五代时期大理国所建造。两塔形制一样，均为 10 层，高 42.4 米，为八角形密檐式空心砖塔，外观装饰成阁楼式，每角有柱，顶端有镏金塔刹宝顶，华丽非常。塔通体抹石炭，好似玉柱擎天。

崇圣寺及三塔建成后寺院曾一度香火旺盛。历经千年沧桑和风雨剥蚀，崇圣寺毁于清咸丰年间。直到 2005 年 4 月崇圣寺大规模重建竣工，才结束了崇圣寺三塔近百年来"有塔无寺"的历史，形成了塔寺辉映的美景。

TIPS

周边景点：三塔倒影公园

与三塔公园一墙之隔，有一个公园，因里面有一个水潭正好倒影了三塔。很多三塔标志性的影像都是在这个角度完成的。每当冬季，苍山银装素裹的时候，正是拍摄三塔倒影的最佳时节。

三月节

每年农历三月十五至二十一前后举行，故名。地点在大理古城西苍山中和峰东麓。相传唐永徽年间某年三月十五，观音菩萨为白族制伏了危害百姓的魔王，人们感其功德，年年相聚焚香祭祀，进而发展成为贸易集市。如今每逢"三月节"，中外客商云集，并举行民间体育活动，规模达百万人次，俨然成为经济和文化交流的盛会。

很多三塔的标志性影像都是在三塔公园的水潭边拍摄的

喜州

05

最美理由 /
　　白族民居在中国的民居建筑中也是独具一格的，
"三坊一照壁" "四合五天井" "白墙黛瓦" 远远地看去
具有一种宁静淡泊之美。喜州就保存了许多典型的白

族民居样式，也是大理州最主要的白族聚居地之一。
最美季节 / 一年四季
最美看点 / 喜林苑、严家大院、侯家大院
最美搜索 / 位于大理古城以北18公里处

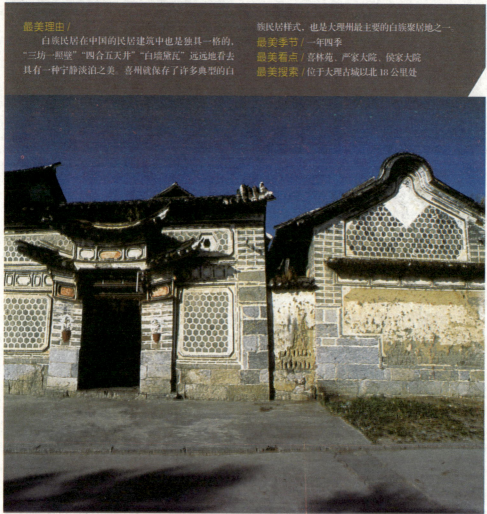

喜州保存着最多、最好的白族民居

　　喜州东临洱海，西枕苍山，是白族聚居的城镇，这里保存着最多、最好的白族民居建筑群，共有明代、清代、民国以及当代各个时期各具特色的上百所白族民居建筑。远

望去，像一座古朴典雅的城池，更像是一座巨大的民居建筑博物馆。

　　这些民居雕梁画栋、斗拱重叠、翘角飞檐，门楼、照壁、山墙的彩画装饰艺术绚丽

多姿，给人一种庄重雄浑而又不失轻巧灵透，古朴典雅而又不乏自由洒脱的质感和美感。其中比较有代表性的为明代遗留下来的杨士云"七尺书楼"；清代杨源大院、赵廷俊大院；民国严子珍大院、杨品相大院等共三十多座大院。

1947 年，当地居民杨品相自行设计建造了一进两院的砖木结构住宅。这套住宅为白族居民典型的建筑形式，同时十分注重门楼、照壁、栏杆、门窗的装饰、雕刻和艺术造型，成为白族居民建筑中的代表和精华。这就是杨品相宅。建筑一进两院，按"三坊一照壁"的格局布置，功能布局十分合理，形成一套舒适实用、美观大方的理想住所，充分体现了白族人民的高超技艺。严家大院则是参观白族民居的一个重要景点。大院始建于清朝光绪三十二年（1906 年），一进大院，有典型的"三坊一照壁""四合五天井"的白族民居特色。

TIPS

📖 美食：喜州粑粑
这是当地的一种特色小吃，也叫喜州破酥，以味香、甜、脆，口感香酥润滑为特色，又分为甜、咸两类。

白族民居

白族民居的平面布局和组合形式一般有"一正两耳""两房一耳""三坊一照壁""四合五天井""六合同春"和"走马转角楼"等。大门大都开在东北角上，门不能直通院子，必须用墙壁遮挡，遮挡墙上一般写上"福"字。

白族民居多用精美的雕刻、绘画装饰。"粉墙画壁"也是白族建筑装饰的一大特色，表现出一种清新雅致的情趣。富于装饰的门楼一般都采用殿阁造型，飞檐串角，再装饰以丰富多彩的立体图案，富丽堂皇，又不失古朴大方。

种花爱花是白族人的传统美德。白族人家的天井里一般都砌有花坛，种上几株山茶、缅桂、丹桂、石榴、香橼等乔木花果树。

严家大院有典型的"四合五天井"的白族民居特色

周城

06

最美理由 /
　　扎染是一种十分典型的民间手工艺品，被十分广泛地运用在白族人家生活的方方面面。周城为扎染之乡，在这里不仅能看到扎染制作的全过程，而且还能

选购到品质和样式都上佳的扎染工艺品
最美季节 / 一年四季
最美看点 / 扎染的制作过程、古戏台
最美搜索 / 位于大理古城北 23 公里

飞檐翘角的白族民居

周城村白族扎染

　　周城位于大理古城北 23 公里，全村居住 1500 余户白族居民，是大理最大的白族村镇。周城不仅因为其境内的蝴蝶泉而闻名遐迩，而且因为这里至今仍十分完好地保留着白族的各种传统习俗，被誉为"白族民俗的活化石"。

　　"家家门外石板路，户户门前有流水"是周城白族村庄的特色。村内有多株大青树，枝繁叶茂犹如巨伞擎天。树下小广场有古戏台，周围店铺成排，自然形成农贸和娱乐中心。

村内一幢幢飞檐翘角的白族民居，同样是精雕细刻的土木建筑。

　　周城的扎染制品也是相当出名的。扎染是周城白族人民明末清初以来的民间传统工艺。扎染布由手工针缝线扎，反复冷染浸制而成，显色青里带翠，凝重素雅。在周城闲逛，有时会遇到热情的白族大妈，邀请你去参观她家的染坊，当然，也顺便采购点这里特有的扎染布品。

蝴蝶泉

07

最美理由 /

传说，蝴蝶会于每年农历四月十五举行，届时，成千上万的蝴蝶从四面八方飞来，在泉边漫天飞舞，首尾相衔，成为一大奇观，又因电影《五朵金花》在此

取景而名扬四方

最美季节 / 农历四月十五
最美看点 / 蝴蝶会
最美搜索 / 大理点苍山云弄峰下

蝴蝶泉旁的蝴蝶树遮天蔽日，枝叶婆娑

蝴蝶泉的特色，概括起来有"三绝"：泉、蝶、树。蝴蝶泉为方形泉潭。泉水清澈如镜。在泉池西北角的池边有一棵苍劲的夜合欢古树，枝叶婆娑，树荫遮天蔽日，这就是蝴蝶树，横跨泉上。每当春末夏初，古树开花，状如彩蝶，且散发出诱蝶的清香味，其时蝴蝶群集飞舞，一只只"连须钩足"，从枝头悬至泉面，形成千百个蝶串，像一条条五彩缤纷的彩带。

清代诗人沙琛在《上关蝴蝶泉》诗中赞道："迷离蝶树千蝴蝶，衔尾如缨拂翠涴。不到蝶泉谁肯信，幢影幡盖蝶庄严。"蝴蝶泉旁的"蝴蝶泉"石牌坊，是郭沫若游大理时留下的墨迹。农历四月十五被白族人定为蝴蝶会。

近年来，蝴蝶泉公园经过修整与扩建，修有蝴蝶楼、六角亭、大月牙池、蝴蝶标本馆、望海楼和徐霞客雕像等。

鸡足山

08

最美理由 /
　　因释迦牟尼的大弟子迦叶在鸡足山的华首门入定，而被尊为佛教圣地，也是禅宗的发源地。南传佛教、汉传佛教和藏传佛教在此会聚，又从此传到更远的地方

最美季节 / 春季、夏季、秋季
最美看点 / 祝圣寺、金顶寺、华首门
最美搜索 / 位于大理州宾川县鸡足山镇

鸡足山与峨眉山、五台山、九华山、普陀山齐名

鸡足山是我国的佛教名山，与四大佛教
名山峨眉、五台、九华、普陀齐名，在中国
和东南亚国家享有盛名，同时又是著名的风
景名胜区。山上松林茂密，修竹丛生，云雾
缭绕，气象万千。

祝圣寺

创建于明代，处全山中心位置，经虚云
法师努力，历十余年修成。寺内最主要的建
筑是宏伟的大雄宝殿，正中供奉如来佛，两
旁为五百罗汉，全贴有金箔，望之光彩夺目。
从这里可以骑马上山。在森林中骑马旅行，
别有一番情趣。

金顶寺

位于天柱山峰上，为鸡足山最高寺庙，
明代弘治年间建庵。寺内原有光明塔一座，
1929 年重修，易名为楞严塔，塔高 41 米，加
之高耸于海拔 3220 米的金顶上，更为壮观。
登塔远望，可将四方美景尽收眼底，向东可
观日出，向西可观苍山洱海，向南可观云海，
向北可观玉龙雪山，人称"绝顶四观"。明代
大旅行家徐霞客至此观后，叹为观止，云"此
不特首鸡山，实首海内耳"。

TIPS

◎ 贴士

每年春节前后，香客、游人如织。华严寺接待
朝山的和尚，睡佛寺是西藏喇嘛朝拜的必到之处。
鸡足山朝山节日一般在农历腊月、正月间。节日期间，
民族文化活动比较丰富，如耍龙、舞狮、狩猎、赛马、
打歌、闹花灯、猜灯谜等，独具特色。

祝圣寺位于鸡足山的中心位置

剑川石宝山

09

最美理由 /

　　作为这种特殊的地质现象，石宝山中深藏着一座石窟，因其造像的风格和工艺之佳，是云南现存规模最大、保存较完好的石窟群，赢得了"西南敦煌"之称，依山而建的宝相寺则被誉为"云南的悬空寺"。另有每年的"石宝山歌会"最为盛大，也是远近闻名。

最美季节 / 一年四季、农历七月二十六至八月初一举办石宝山歌会

最美看点 / 海云居、宝相寺、石钟山石窟

最美搜索 / 位于大理州剑川县城西南25公里处

石宝山以石窟和摩崖造像而声名远播

TIPS

◎ 贴士

剑川木雕是云南一绝，县城里有一条街都是专门出售剑川木雕的，推荐到此一游。

石宝山因山上的红砂石成龟背状裂纹，如狮似象像钟，得"宝石"之名。这里林木茂盛、庙宇别致，尤以石窟和摩崖造像而声名远播。山中开凿于唐宋年间的石窟，享有"西南敦煌"的美誉。石宝山景区包括海云居、宝相寺和石钟山石窟，其中以石钟山石窟最为重要。

石钟山石窟

又称剑川石窟，位于剑川县城西南 25 公里石宝山南部文峰。石窟与摩崖造像分布在石钟寺、狮子关、沙登 3 个片区，共计 16 窟，136 尊造像。雕像构思别致，雕刻精美，堪称艺术瑰宝。这些造像，以南诏国的发展历史为主要内容，距今已有 1000 多年历史。石窟造像的题材有佛像、南诏王造像、外国人像几大类，其造型和风格均带有强烈的少数民族气息，是佛教造像艺术中的奇葩。

宝相寺

石窟道观宝相寺位于佛顶山上，依山建于一面高耸险峻的大石崖上，凿石抬梁，被誉为"云南的悬空寺"。宝相寺为明正统年间鹤庆土知府高论所建，初为道观，后来佛教兴盛，除玉皇阁外，大多庙宇均祭佛像，成为一个佛道合流的场所。宝相寺坐西朝东，进山门而至天王殿、大雄宝殿均层层升高，弥勒殿与玉皇阁则凌空建造在崖内，需从左右攀岩扶壁方能到达。

石宝山歌会

是白族地区盛大的民族传统节日，会期从农历七月二十六至八月初一。歌会期间，来自剑川、洱源、丽江、大理、兰坪等地的白族群众盛装而来。方圆十里的山间小道上，人流如潮。石宝山歌会是情歌的海洋。许多质朴真挚的石宝山传统情歌，是白族人民口头创作的艺术结晶，经过几代人的传唱，不少佳作至今仍流传在人们的口头上。石宝山白曲已被列入国际民族歌目，石宝山歌会亦被誉称为"白族歌城"。

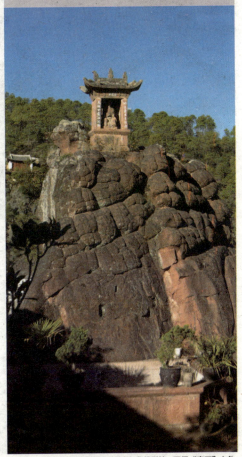

石宝山因山上的红砂石成龟背状裂纹，而得"宝石"之名

巍山古城 10

最美理由 /
　　巍山也是一座茶马古道上的名镇，至今街道上依然店铺林立，只是出售的不再是供赶马人购买的补给品，也有时尚的小店。但修葺一新的城门楼和老街还能看到原来的规模和气势。这里的过江饵丝是很多驴友迷恋的美食。另外，离县城不远的巍宝山是一座著名的道教名山，深藏着许多名士，可以一探。

最美季节 / 一年四季
最美看点 / 古城内的明清建筑、鸟道雄关、巍宝山
最美搜索 / 大理州巍山县

巍山县古城老街依然店铺林立，风采不减当年

巍山古城又叫蒙化城，是南诏古国大理古城的发祥地，也是云南省设置郡县最早的地区之一。元代，巍山由大理段氏总管开始建筑土城，到明朝才正式建城，至今整座县城依然较为完整地保存了600多年前建城时候的棋盘格局，是中国保存最完好的明清古建筑群之一。

巍山古城内街道以拱辰楼为中心，呈标准的"井字"结构，共有25条街道，18条巷，全长14公里，南、北主轴线两侧的房屋完整地保存了明清时代的建筑式样和风格，房子朝向为南偏西15°左右，充分结合当地的最佳采光方式，以弥补"四合五天井"光线不好的一面。

"鸟道雄关"这个茶马古道上标志性的地点就在巍山东北20公里处，它几乎标志了

TIPS

🍜 **美食：巍山饵丝**
巍山饵丝相当有名，吃法很多，以巴肉饵丝、过江饵丝最为有名。还有其他大理古城也能见到的大理小吃，但价格就便宜不少。

🏔 **周边景点：巍宝山**
距离县城东南约10公里，山势雄伟、气势磅礴，开辟于汉代，唐代为南诏国的发祥地。自唐代开始建筑道观，盛于明清，到清末道教殿宇遍布全山。巍宝山被称为云南道教名山，为全国四大道教名山之一。山上道观林立，松树繁茂，有"万顷松涛"之称。

这条古道的艰辛，也证明了马帮超常的体能和毅力，现在也是冬季候鸟迁徙的必经之地。那里是一处悬崖，树木森郁，早在明清时期就有相关文字记载，可惜现在从此地迁徙的候鸟越来越少。

巍山县古城拱辰楼，可惜已毁于火灾

沙溪古镇 {11}

最美理由 /
　　剑川的沙溪曾是茶马古道上的一个驿站，如今被重新发现，成为人们重去发现这条古道上过往历史、人物和故事的一个集镇

最美季节 / 一年四季
最美看点 / 寺登街、古戏台、古马店
最美搜索 / 大理州剑川县

沙溪古镇古朴、安静而精致，是茶马古道上保存最为完整的古集市

　　沙溪古镇位于云南省剑川西南部，环绕在青山绿水之中，自古以来就是个有名的鱼米之乡。古镇古朴、安静而精致，保存有的古戏台、古马店、古店铺、古寺庙、古寨门、古四方街，是滇藏茶马古道上保存最为完整的古集市。

　　漫步古街红砂石板，登上古戏台，看一看四方街铺面和马店，走一走黑漶江上的玉津桥，到兴教寺感受各种流派佛教合而为一的寺庙，听一听沙溪洞经古乐，体会古老民族古音乐的韵味，看一次白族传统的霸王鞭，跳一曲白族传统的肖拉者舞，听沙溪姑娘唱一曲白族调，尝一尝沙溪土特产地参子、松茸、羊乳饼，感受古镇的悠远绵长。

　　沙溪寺登街是昔日茶马古道的要冲。这里是古代通往南亚的唯一国际通道，与南方丝绸之路有同样的历史地位和价值，真实地反映了茶马古道集市的模样，堪称"茶马古道上唯一幸存的集市"。

大研古城 **12**

丽江古城内小桥流水，民居错落有致

　　大研古城在南宋时期就初具规模，已有八九百年的历史。自明朝时，大研古城被称为"大研厢"，因其居丽江坝中心，四面青山环绕，一片碧野之间绿水萦回，形似一块碧玉大砚，故而得名。这里自古就是远近闻名的集市和重镇，也是中国历史文化名城中仅有的两个没有城墙的古城之一。

　　古城东南面临数十里的良田沃野，古城内小桥流水，城内的民居建筑布局错落有致。发源于城北象山脚下的玉泉河水分三股入城后，又分成无数支流，穿街绕巷，流布全城，形成了"家家门前绕水流，户户屋后垂杨柳"的诗画图。街道不拘于工整而自由分布，主街傍水，小巷临渠，300 多座古石桥与河水、绿树、古巷、古屋相依相映。

　　古城心脏四方街明清时已是滇西北商贸

枢纽，是茶马古道上的集散中心。四方街以彩石铺地，清水洗街，日中为市，薄暮涤场的独特街景而闻名遐迩。

城中至今依然保持着大片明清建筑特色，"三坊一照壁，四合五天井，走马转角楼"式的瓦屋楼房鳞次栉比，布局灵活，注重装饰，精雕细刻，被中外建筑专家誉为"民居博物馆"。木氏家族一度作为丽江的权贵象征掌管着最高权力，如今复建的木府供游人参观，也是对昔日丽江贵族生活的再现。

古城石桥

古城约2平方公里的城区内，架有大小桥300多座，被称为"东方威尼斯"。最著名的属大石桥、万子桥和南门桥。三桥皆为明代所建的石拱桥。大石桥为古城众桥之首，

位于四方街东向100米，由明代木氏土司所建，因从桥下河水中可看到玉龙雪山倒影，又名映雪桥。万子桥为单孔桥，是古时有钱人家为了祈求子孙满堂而特意修建的，桥面由布满石子的砂石岩铺成，取"万子"子孙万千的意思。南门桥为单孔石拱桥，砌有石雕龙头。

大水车

一进古城，小桥流水、悠转的水车，背景是典型的白墙灰瓦的纳西族民居照壁，这是丽江的标志，几乎所有来丽江的人都会在这里留影拍照。大水车其实是一大一小两座水车，有人说它是子母水车，也有人说它是情人水车，大水车往右是有江泽民同志题词的照壁。在古城入口的右边是水龙柱。因为龙是管水的，古城里的土木建筑最怕火，所

大水车是丽江的标志，几乎所有来丽江的人都会在这里留影拍照

以立了这个水龙柱，以表达古城人民免除火灾的愿望。

四方街

"先有四方街，后有大研镇"，足见作为古城中心——四方街的重要位置，除了中心以外，四方街也基本成了丽江的代名词。虽然以一个四方的广场作为中心，然后所有建筑向四周辐射这种建城方式。在整个滇西北并非丽江大研镇一处，比如沙溪、束河、独克宗都有类似的城市布局，但对于更多的人来说，四方街更像是丽江的一个标志或独有的。

四方街其实就是一个集市，作为茶马古道上的一个重要驿站，这里曾经是"鸡蜕头外、什么都有卖"的热闹集市，南来北往四通八达。在丽江发生那场震惊了世界的地震之前，四方街有一个巧妙的城市清洁设施，城市设计者在引来雪山融化的雪水绕城而流的同时，还根据地势利用河水半自动冲洗广场。这样做，既能保持城市的整洁，又能用冲洗过街道的水灌溉良田。这在我国的城市中是绝无仅有的，只可惜，地震破坏了这一设施，但当地人还是保持了下午收市后，用家门前的流水冲洗街道的传统。

四方街作为茶马古道上的一个重要集散地，俄国人顾彼得在《被遗忘的王国》里详细生动地描写了20世纪初，丽江依然繁忙的集市，以及集市中南来北往的商人、当地人。如今，四方街也随着茶马古道的沉寂而淡出了商人的视线，但"卖豌豆桥""卖鸭蛋桥"这些地名还是透露着当年这里的盛景。已经荣膺为世界级旅游城市的丽江，以四方街为

天雨流芳

纳西木氏最早发端于迪庆一带，始终处于北方吐蕃和南边大理段氏的夹击之间，文化也处于藏族和白族的夹缝之中。所以，木氏家族严格要求子弟读书识礼，以"天雨流芳"悬于木府门外牌楼，翻译过来的意思就是"读书去吧"，以时刻提醒着子弟要读书进取。木氏家族以读书取仕，保有着中央政府的支持，也在唐以来南北两端的强大势力之间获得了稳定的地位，保有自己的领地。这也影响到纳西族对于中原耕读文化的传统的继承。在这种居安思危的治理下，木氏历经22世，共470个春秋。

丽江古城各种各样别具风格的客栈，已成为人们向往的因素之一

电视剧《木府风云》的热播让木府成为焦点

中心，成为了游人最为集中的地方之一，尤其是入夜，人们围着篝火，通宵达旦地跳舞，在河里放河灯，盛况不减当年，只是人群有些改变罢了。

木府

随着电视剧《木府风云》的热播，让丽江古城的木府大院成为焦点。木府是木姓纳西族土司府邸。纳西族首领木氏自元朝（1253年）世袭丽江土司以来，历经元、明、清三代22世470年，在各土司中以"知诗书好礼守仪"而著称。因为土司姓"木"，所以在建造丽江城时特意没有建造城墙，以免"木"字被围墙围成"困"字。木府历经几百年的整修扩建，规模越来越大，成为一座辉煌的建筑艺术之苑，它充分反映了明代中原建筑的风采，同时保留了唐宋中原建筑中古朴粗犷的流风余韵；而其坐西朝东，府内玉沟纵横、活水长流的布局则又见纳西传统文化之精神。

TIPS

民俗
大研古镇四方街里，晚上都会有群众自发的集体舞，或者是放荷灯等活动。

美食
酥油茶、丽江粑粑、小鸡凉粉都是这里比较有名的小吃。

纳西古乐会 13

最美理由 /
　　纳西古乐会集古老乐曲、古老乐器和高寿艺人为一体，被誉为稀世"三宝"。其实，真正能听懂这古乐的人几乎没有了，但每晚的大研纳西古乐会还是门庭若市。许多人除了去看个热闹外，还是冲着时而英语、时而中文的主持人宣科去的。就宣科本人来说，他的故事甚至比这古乐更吸引人。

最美季节 / 一年四季
最美看点 / 古乐、古乐器、演奏者
最美搜索 / 丽江大研镇

很多人来丽江，都会去听一听这种仿佛来自远古的音乐

　　经过这些年的宣传，纳西古乐已经走进人们的视野。很多人到丽江，都会趁机去听一听这种古老的，仿佛来自远古的音乐。从某种意义上来说，绝大部分观众都很难听懂这些据说是传承于唐朝宫廷的古乐，更不能了解作为一份音乐遗产的价值，他们更多的是为宣科先生幽默、东西合璧的主持风格所吸引。宣科老先生是丽江夜晚的一道独特风景。经由他亲自主持的演奏现场总是气氛热烈，他也是将这一遗产推广至世界的经理人，从而成为丽江旅游文化的一张名片。

　　纳西古乐由《白沙细乐》《洞经音乐》和皇经音乐组成（皇经音乐现已失传），融入了道教音乐、儒教音乐，甚至唐宋元的词、曲牌音乐，被誉为"音乐化石"。纳西古乐有一套严格的传承方式，演奏者多为年老艺人，乐器也很古老。

黑龙潭   14

最美理由 /
　　黑龙潭倒映着玉龙雪山，这个画面曾经是丽江对外宣传的经典之作，虽然，后来被更加丰富的纳西老人像、小桥流水人家、云杉坪等代替，但黑龙潭仍然是一个值得花点时间去看一看的地方，里面的东巴文化博物馆展出了许多珍贵的东巴经卷。

最美季节 / 一年四季
最美看点 / 龙神祠、五凤楼、东巴古迹文献园
最美搜索 / 丽江市北象山脚下

黑龙潭曾是丽江对外宣传的名片

　　从古城四方街沿玉河溯流而上，约行1公里就到达了丽江著名的景点之一——黑龙潭。说它有名非并浮夸。始建于清乾隆二年（1737年），乾隆六年（1741年）、光绪十八年（1892年）又均有重修记载的黑龙潭几乎是丽江旅游的标志性景点，一潭碧水倒映着玉龙雪山，与公园内的得月楼在相当一段时间里占据了所有关于丽江旅游的版面。如今全球变暖，导致玉龙雪山积雪线上移，黑龙潭也常会缺水干涸，但作为丽江旅游的一个传统景点，这里依然是必游之处，更何况，这里还是东巴文化的研究机构所在地。

龙神祠

　　包含戏台、得月楼的龙神祠是黑龙潭中轴线上的一组建筑，建筑呈八角形，通高20米，阔深皆三间。得月楼匾额及正面两副楹联为郭沫若先生亲笔所书，为傍山而建的黑龙潭增加了视觉上的美感。

五凤楼

　　位于黑龙潭公园北端福国寺内，始建于

潭边的龙神祠、五凤楼为中国古代建筑中的稀世珍宝

明万历二十九年（1601年），而福国寺原为木氏家族的家庙，木氏曾在此接待过明著名旅行家徐霞客。五凤楼楼台三叠，屋担八角，三层共24个飞檐，形似五只彩凤展翅来仪，得名五凤楼。五凤楼兼具汉、藏、纳西等民族的建筑艺术风格，是中国古代建筑中的稀世珍宝和典型范例。

东巴古籍文献园

是一处深入了解东巴文化的必选之寺。

文献园位于公园内，这里陈列了非常齐全的纳西东巴文字和东巴经，以及一些相关的典籍，还有东巴纸制作过程的还原和免费讲解。

TIPS

◎ 贴士

进门后经过一座廊桥后，有个观景台，这里是拍摄玉龙倒影的最佳地点。

玉龙雪山

15

最美理由 /
　　玉龙雪山是纳西人心中的圣山，是纳西人世代流传的民族大英雄和保护神"三朵"的化身。整个玉龙雪山的景区很大，但主要有大索道冰川公园、云杉坪、牦牛坪三个主要的景区，冰川公园是同纬度地区少有的冰川，云杉坪则是纳西人传统的情死之地，现在辟为公园，是最接近雪山的地方，牦牛坪的海拔更高，于是有了另一番令人震撼的雪山风光。

最美季节 / 春季、秋季
最美看点 / 云杉坪、玉水寨、大索道、牦牛坪
最美搜索 / 位于云南省丽江市以北 25 公里处

玉龙雪山是纳西人世世代代的保护神

玉龙雪山是北半球最南的大雪山，也是中国最南的雪山，但对于世居的纳西族来说则是他们世世代代的保护神，纳西语称其为"波石欧鲁"，意为"白沙的银色山岩"。雪山由13座山峰组成，海拔均在4000米以上，终年积雪、山体高耸，主峰扇子陡海拔5596米。作为北半球距离赤道最近的现代海洋性冰川，冰川公园是玉龙雪山上的一大看点，但这里更是横断山脉高山动植物的乐园，所以，它拥有"天然高山动植物园"和"现代冰川博物馆"的美誉。玉龙雪山还是一座人类至今未能征服的雪山。

干海子

干海子其实是玉龙雪山东面的一片草甸，位于海拔2900米处的这片风景秀丽的大草甸是仰望玉龙雪山的最佳位置，可以将玉龙雪山13座山峰一览无遗。春天草返青花盛开的时候最美。在这个天然大牧场聚集了附近藏、彝、纳西族的牧民，他们带上帐篷，赶着羊群和牦牛来此放牧，给草原春色增添了更多的活力。

白水河

车过干海子还没到云杉坪，要经过一段山谷丛林，这里海拔约2850米，有一条流淌着白色河水的河流。白水河因河床、台地都由呈灰白色的大理石、石灰石碎块组成，所以雪山融化的泉水从石上流过，亦呈白色，因此得名白水河。

这里还是徒步或骑马通往"云杉栈道"的起点，如果放弃乘缆车上云杉坪，徒步或骑马约需1小时。搭乘索道缆车只需要十几分钟。

TIPS

贴士

1. 去牦牛坪最好找旅游公司联系，三四个人组成一个小团即可出发，自己去相对会花更多的钱。

2. 游客接待中心购买的环保车票包括游客接待中心至大索道下索道站的往返环保车票（白色大巴）和游客接待中心至白水河、蓝月谷、云杉坪和牦牛坪的往返环保车票（绿色大巴）。因此，只要购买一次20元的环保车票，就可以在景区内任意乘坐环保车前往各个景点。

玉龙雪山是北半球最南的大雪山

冰川公园、大索道（冰川索道）、牦牛坪

现在有三条缆车通往雪山，通往冰川公园的那条俗称大索道，终点是海拔5406米处的冰川公园，每年6月这里的积雪才渐渐消融，可见冰川和裸露的大岩石，但景观也逊色不

牦牛坪雪景最美，雪山仿佛近在咫尺

少；云杉坪缆车线是玉龙雪山最早的一条旅游缆车线，俗称小索道，到达海拔 3000 米处的云杉坪。这是云杉林中的一片草坪，在终年积雪的扇子陡的背景下，天晴时景色最美。牦牛坪缆车俗称中索道，上到海拔 3100 米的牦牛坪高原牧场，是三条索道中开发最晚的，也是离城区最远的一条。雪景最美，但冬天上牦牛坪的机会较小。

玉峰寺

一般旅行社都要把玉峰寺景点安排在云杉坪一日游里，因为两者在一条线上。始建于清朝康熙末年的玉峰寺以"万朵山茶"最为著名，寺内一棵种植于明朝成化年间的山茶，树龄虽已近 500 年，但每年立春，花蕾初绽，直至立夏，历时七个节令，一百多天，先后开花 20 余批，一批未歇一批又含苞待放，每批开花千余朵，总共要开两三万朵，所以得名"万朵茶花"。茶花盛开期是每年 3 月，这个时候人们相约而至共赏茶花。

东巴万神园

玉峰寺旁的东巴万神园，背景是玉龙雪山，而园内展示的便是东巴文化中的万神，巨大的图腾柱在雪山蓝天的映衬下充满了原始宗教的神秘与浪漫主义色彩。神园正门两个图腾柱与雪山主峰构成主轴线，轴线中依次排列分布着 3 个巨型法杖，长 240 米，宽 6 米的神图路，2 道神门，3 个东巴至尊神。轴线两边广阔的区域，左为神域，右为鬼蜮，分别雕有 300 多尊东巴文化中的自然神、护法神、家畜神及各类风流鬼等巨型木雕。

玉水寨东巴文化传承基地

这里保留了纳西族传统古朴的风貌，与周围优美的自然景观交相辉映。景区内有三位著名的东巴大师主持日常事务，有数名东巴学生在玉水寨学习东巴经文、舞蹈、祭祀仪典、艺术等。每年农历三月初五，整个纳西族地区的东巴聚集在玉水寨，在东巴什罗庙举行一年一度的东巴什罗会。

美国大自然保护协会甚至将玉水寨指定为东巴文化、白沙细乐以及勒巴舞的传承基地，进行纳西民族古文化的挖掘、整理、传承、研究、展示等工作。

《印象·丽江》

"在这个神奇的地方，它给予我们想要的快乐，许下你最想实现的愿望。跟着我们，穿过这扇憧憬的神奇之门，将你的愿望，留在这盛满五谷的香炉中，留在印象丽江。"《印象·丽江》是导演张艺谋继《印象·刘三姐》之后又推出的多部大型实景演出之一，《印象·丽江》应该算是海拔最高的一部吧。这台以"雪山印象"和"古城印象"为主题，以雪山为背景，以民俗文化为特色的大型实景演出，在海拔3100米的干海子蓝月谷剧场中进行，那些身着民族服装，来自土地的有着黝黑皮肤的当地农民，用最质朴的歌声、最原生态的动作展现着丽江与自然浑然天成的美。整个演出全长1小时，堪称又一次视觉盛宴。

纳西情死

云杉坪在纳西语里又称"游午阁"，也就是"情死之地"。情死在纳西族看来是一件最为美好的事情，因为不是简单地死去，而是漫步在一个美妙绝伦的玉龙第三国，在那里游山玩水、啜饮露珠、云中漫步，在天空中自由飞翔，与心爱的人长相守，不分离。云杉坪就是这个让有情人希望相拥而死的地方，他们在这个风景优美的地方，编织新衣服、准备食品、酒和自己喜爱的东西，在自己满意的情死之地搭起木棚、扎起彩门，尽情享受，直至食品用尽才双双殉情。

东巴万神园中展示的是东巴文化中的万神

束河古镇 16

最美理由 /
　　束河既是丽江坝子中保存完好的驿站，也是木氏家族的发祥地，1997 年被列为 "世界文化遗产"，是丽江古城的重要组成部分。因张艺谋的电影《千里走单骑》在此取景而名噪一时。

最美季节 / 4 ~ 10 月
最美看点 / 老街巷、龙泉寺的明代壁画
最美搜索 / 丽江市区北 7 公里处

束河已经成为丽江另一处闲适之所

　　束河是纳西先民在丽江坝子最早的聚居地之一，也是茶马古道上保存完好的重要集镇，纳西语中意为 "高峰之下的村寨" 的束河是茶马古道上一个重要的驿站。

　　束河古镇背靠玉龙山脉，在丽江旅游线上有着枢纽站的意义，它也是丽江木氏发祥之地。地处茶马古道的束河以制作皮具而著称，来自江南的工匠在此为往来马帮以及当地人制作的皮具远近闻名，从而成为滇、川、藏交界地域著名的 "皮匠村"，所谓 "束河皮匠一根锥子走天下"。一直被笼罩在四方街光芒之下的束河，因为张艺谋的电影《千里走单骑》

在此取景，而被推到了广大游人的视野里。

保存着完整的石桥、石板路、上马石、马锅头的庭院以及龙泉寺明代壁画的束河，其实是作为丽江古城的重要组成部分列入世界遗产名录，它所拥有的自然风光、民俗风情、历史遗迹以及多元文化景观是丽江古城的补充。如今的束河古镇在原有的基础上不断被扩大，已形成取代四方街的态势，成为丽江旅游、休闲、住宿、餐饮的重要聚居地。入夜，

TIPS

◎ 贴士
需要查验古城保护费。比四方街集中了更多的酒吧、客栈。

酒吧灯光迷离、俊男靓女把古镇装扮得十分现代而又充满了城市休闲的散漫。各种风格迥异的客栈不仅是旅人的停留之所，也是这座古镇的人文风景。

束河古镇既现代又古朴，还有着休闲的散漫气息

白沙古镇 17

最美理由/
　　白沙古镇是丽江最古老的集镇之一，是纳西族在丽江坝的最初聚居地，也是丽江木氏土司的重要发祥地。现在闻名遐迩的丽江古城中四通八达的水系布局即是以白沙古镇的流水为原型的。

最美季节/4～10月
最美看点/明代建筑、大宝积宫（白沙壁画）、琉璃殿、文昌宫
最美搜索/丽江古城以北8公里处的白沙镇

白沙镇的许多老宅都被完好地保存着

　　丽江世界文化遗产由3个部分组成：大研古镇、束河古镇、白沙古镇。从束河出发，再北行约两三公里就能看到这座原本远离游人视线，安静地立于世外的古镇。从规模上来说，白沙古镇略小于其他两个古镇，但完好地保存着城门，许多老宅也都被完好地留存至今。这座千年古村落的明清建筑群和一

组同样古老的壁画吸引了越来越多的外来者，他们有远渡重洋的西方人，也有全国各地热爱丽江山水的外地人，所以，老宅自然被开设成了客栈、酒吧、饭馆，而村民们依然过着延续了千年的生活，保持着纳西人传统的劳作和生活方式，两相不扰，各得其乐。

　　白沙出名，最早是因为这里留有一组壁

静立于世外的白沙镇，少了一些商业性

画。明洪武十五年（1382年），阿甲阿得作为一方首领率众归附了明朝，明太祖钦赐姓木，从此开启了木氏在丽江的辉煌历史，木氏土司为了让以纳西为主要的土著更接近中原统治，在白沙大肆兴建庙宇，并邀请汉、藏、纳西族画师在这些殿宇四壁作画。白沙的大宝积宫、琉璃殿及大定阁是保存明代壁画较

集中之处，以大宝积宫的壁画为最，具有几大特色：兼有多种宗教文化，包括佛、道、喇嘛教多种宗教形象；表现了明朝的世俗化生活场面，如耕织渔猎、田园村舍等；另外，从这些壁画中能看到明清年间汉、藏、纳西不同民族画师的绘画特征与艺术造诣。

拉市海

18

最美理由 / 　　这里是云南省第一个以湿地命名的自然保护区，是候鸟越冬的地方，而且有许多的珍稀品种。

最美季节 / 夏季、冬季
最美看点 / 观鸟、划船、骑马
最美搜索 / 丽江市区西面 10 公里处的拉市坝中部

拉市海

　　纳西语中"拉市海"的意思是"新荒坝"，湖面海拔 2437 米，即一处高山湖泊，是云南省第一个以"湿地"命名的自然保护区，在去往玉龙雪山和虎跳峡的途中都要与它擦身而过。湖一边是山一边是草原，沿湖骑马，一路上风景都很美。湖底长满了草，有些还开了小白花，湖里还有野鸭在水面上游弋觅食。这里湖泊宁静，人烟稀少，水草丰美，每年初冬都会有上万只候鸟迁徙至此直到第二年春天。

　　拉市海湿地共有鸟类 57 种，每年来此越冬的鸟类有 3 万只左右，其中特有珍稀濒危鸟类 9 种，包括斑头雁、中华秋沙鸭、黑颈鹤、黑鹤等，是候鸟栖息的乐园。

TIPS

◉ 贴士
每天的清晨和傍晚是鸟儿最多，湖上景色最美的时候。

◉ 美食
这里的美食主要就是鱼类，但价格也不低。

◉ 周边景点
拉市海西南边是著名的藏传佛教古刹指云寺，这里是噶玛噶举派在丽江的一座重要大寺，为典型的汉式建筑风格。

虎跳峡

19

最美理由 /
　　虎跳峡以奇险雄壮著称，是世界级的著名大峡谷，江水在玉龙、哈巴两座雪山的挟持下奔流向前，共有18处险滩，江面最窄处仅有30多米，海拔高差3900多米。雨季来临，江水与巨石相互冲击碰撞发出轰鸣

之声振聋发聩。

最美季节 / 6、7月份雨季
最美看点 / 上虎跳、哈巴雪山、徒步虎跳峡
最美搜索 / 丽江虎跳峡镇

雨季来临时，虎跳峡的江水与巨石相互冲击碰撞发出轰鸣之声

虎跳峡以奇险雄壮著称

虎跳峡分为上虎跳、中虎跳、下虎跳3段。江心有一块巨石，因传说，一只猛虎就是借助这块巨石跃至对岸，故得名虎跳峡。虎跳峡起自香格里拉桥头村，止于丽江大具村，在金沙江上游，全长18公里。湍急的金沙江流经石鼓镇长江第一湾之后，忽然掉头北上，从哈巴雪山和玉龙雪山之间的夹缝中奔流而去，形成了世界上最壮观的峡谷，峡谷中最窄处就是著名的虎跳峡景观。20世纪30年代，美国《国家地理》的特派记者洛克多次游历虎跳峡，并从空中拍摄照片，使虎跳峡闻名于世。

当然，那些都是从地理学意义上来说的虎跳峡，从旅游层面来说，虎跳峡也不过是令无数游人做惊叹状的一个去处。但对于徒步爱好者来说，虎跳峡算得上国内入门级的徒步线路，只有完成了一条线路的徒步才算是一个真正的徒步爱好者。

上虎跳

上虎跳是旅游者中最为熟知的景点，也是在摄影作品中出镜频率最高的一处，这里也是交通最方便到达的地方。

上虎跳景区在丽江往香格里拉方向的途中，进入虎跳峡镇不久就到景点售票处，这里离上虎跳景区还有9公里。景区有往返景区的车辆，而外来的车辆也可以自由出入，不另外收费。因为已被辟为景区，所以这里的道路和设施都很规范。

上虎跳的重点就是虎跳石，这里也是整个虎跳峡较窄的地方，两岸相隔30多米，如果雨季涨水的时候前往，才能真正体会到那种雄浑与壮阔的美和来自大自然的不可一世的力量。

中虎跳

　　迪庆一侧，贯穿上、中、下虎跳弹石路面的简易公路，是峡谷内村民自己进出的公路。中虎跳与上虎跳直线距离 5 公里，也有当地人修建了一座简易小桥抵达虎跳石。中虎跳比上虎跳更为险峻，也不如上虎跳的视野开阔，最窄的一段是原来沿江开凿的甬道，被称为"一线天"，两岸相距只有 20 米，贴着崖壁走，不小心掉落一块石头好久才能听到落在江里的声音。沿途有不少客栈供徒步者休息，其中"张老师"客栈在虎跳峡的徒步者中最为知名，张老师是一个有故事的人，这里不仅是个住宿点，也是下到天梯的路口。

下虎跳

　　中虎跳与上虎跳之间相距 5 公里，江面落差甚大，"满天星"是此段最险的地方，百米峡谷礁石林立，水流湍急。下虎跳江面较其他两段缓和，江水在流出巨大的令人震撼的滑坡区后江面开阔平和。

虎跳峡徒步线路

　　徒步虎跳峡有两条线路：一是从桥头顺金沙江而下，过下虎跳乘船渡金沙江到丽江大具，从大具经下虎跳到达迪庆，上岸后须徒步 1 小时左右才能抵达简易公路，在中虎跳住宿。这条线路知名度最高。二是从大具徒步到江边，乘船到江北香格里拉县，溯金沙江上行至桥头。从摄影的视觉效果来说，溯江而上更佳，不过，两条路都通行汽车，从大具到江边老渡口 5 公里，到滑石板新渡口 9 公里。

对徒步爱好者来说，虎跳峡是入门级徒步线路

哈巴雪山

20

哈巴雪山的美景总是令人惊呼不已

　　"哈巴"在纳西语中的意思是"金子之花"。传说，哈巴和玉龙是雪山两兄弟，金沙江从它们之间奔流而过，切割成了虎跳峡。哈巴雪山因巨大的海拔高差，形成了明显的高山垂直性气候，依次分布着亚热带、温带、寒温带、寒带等气候带，山脚与山顶的气温差达22℃之多，由此孕育了垂直带状分布的立体植被带，在浓密的原始森林中，栖息着许多珍贵动物。

　　哈巴与玉龙隔虎跳峡遥遥相望，主峰海拔5396米，而虎跳峡的徒步线路就是沿哈巴雪山的余脉而行，所以也有徒步爱好者从虎跳峡经过哈巴雪山到达迪庆的白水台和碧塔海两个景区。哈巴雪山则有许多古冰川遗迹以及冰碛湖。这里还是滇金丝猴、猕猴和野驴等野生动物的栖息地，但难得一见。

石鼓镇·长江第一湾　　21

石鼓镇·长江第一湾

丽江石鼓镇是历代兵家必争的战略要地，石鼓镇因镇上有一面汉白玉雕刻的鼓状石碑而得名，这是目前丽江所发现的年代最早的石碑之一。

南宋末年，忽必烈征大理国的西路军，曾在这里与巨津州磨些势力发生激战。元代丽江路官署曾一度设在这里，明朝在此设巡检司，清代设石鼓汛。石鼓又是中国工农红军第二方面军横渡金沙江的五个渡口之一。渡口江面宽阔，水势缓和，适于摆渡，所以历来为兵家必争之地。相传三国时期，诸葛亮平定南中，在此"五月渡泸"（金沙江古称泸水）；1253 年，忽必烈又在此"革囊渡江"。1936 年 4 月，中国工农红军二方面军从这里渡江，北上抗日。

TIPS

> **贴士**
> 镇西侧有个忽见江湾的山坡，是拍摄长江第一湾的较佳位置。在石鼓镇政府办公大楼的楼顶是一览此胜景的绝佳处。

除了战略地位重要外，石鼓镇还因"万里长江第一湾"而著称，金沙江受横断山的阻挡，形成急转之势，在石鼓镇脚下急转一个"V"形大弯，由原来从上至下的走势而掉转头来向东北流去，这就是闻名的万里长江第一湾。这里水流湍急，但由于江面宽阔，看上去江面平缓如镜，可走近依然能听到暗流的激荡之声。

泸沽湖

22

最美理由 /
泸沽湖是云南海拔最高的大型高原湖泊之一，有着最清澈纯净的湖水和独特有趣的"走婚"风俗，清晨可以乘船去感受最新鲜的泸沽湖，白天可坐上猪槽船去看山看水看飞鸟舞蹈，还可以去转湖徒步，晚上

可去摩梭人家家访。
最美季节 / 四季
最美看点 / 落水村、里格村、草海、女神湾
最美搜索 / 位于四川和云南交界处，距离云南丽江230公里，距离宁蒗县城72公里。

泸沽湖清透如碧玉的湖水是这里最吸引人的原因之一

　　泸沽湖界于云南和四川两省，湖的一侧为四川凉山的盐源县，隔湖相望的则是云南丽江的宁蒗县，以摩梭人为主要原住民。因为山高水深，泸沽湖水清透如碧玉，世代生活在这里的摩梭人则因保留着母系氏族特征的"阿夏婚"，即走婚风俗而为外人所知，也因为这里延续了母系传统而非父权的秩序，

有了"东方女儿国"的别称。

　　泸沽湖四周青山环抱，湖岸曲折多湾，共有17个沙滩、14个海湾；湖中散布5个全岛、3个半岛、1个海堤连岛，远看像一只只绿色的船漂浮在湖面。其中，云南宁蒗一侧的黑瓦吾岛、里无比岛和里格岛，成为湖中最具观赏和游览价值的三个景点，被誉为"泸

沽三岛"，也是泸沽湖云南段湖岸线虽没四川长却胜过四川的原因。

　　观赏泸沽湖美景的最佳地点有两个，一个是从丽江快到泸沽湖的公路边的观景台，一个是大嘴村。前者可远眺泸沽湖全景，后者则是临湖赏水的好去处。

　　世世代代生活在泸沽湖畔的摩梭人至今保留着走婚传统，即以母系家庭为经济主体，祖母为家庭最高权威，没有父亲称谓，只有舅舅。摩梭人的两性关系相对固定，只是没有我们通常熟悉的一夫一妻的经过法律认可的婚姻形式。所谓"走"，是指两性关系中的男女双方分别居住在各自的家中，只在晚上相会，白天依然回到自己家中参与劳动和生产，农忙时，男方也会去女方家里帮助劳动。这种两性关系牢固地维护了以母系为主体的家庭关系，也有助于以家庭为单位的经济主

TIPS

◎ 贴士
常规旅行集中在西岸和北岸，这一带也是摩梭人聚居的地方，其中落水和里格是旅行者到达得比较多的地方。

◎ 周边景点
位于泸沽湖西北方向 25 公里的永宁曾经是茶马古道的一个重要驿站，那里的扎美寺和永宁温泉比较出名。

体得到稳定和持久的发展和积累。

　　大落水

　　进入泸沽湖的第一个村落，因为开发得最早，所以商业化的程度最高。入夜的灯红酒绿，令人恍惚又回到了丽江的束河或四方街，少了那份宁静与古朴，很多旅行爱好者来泸沽湖都宁愿选择路途稍远些的村庄和景点。

晨曦中的泸沽湖，碧绿中晕染着淡淡的日光，不远处薄雾还未散去

摩梭人是泸沽湖湖畔的一道风景

小落水

小落水村是一个三面环山，一面向湖的小村庄，也是云南和四川的分界点，这里出过一个名人——杨二车娜姆。小落水村是泸沽湖畔一个传统而古老的摩梭村寨，离泸沽湖较远，离格姆女神山最近。远远望去，泸沽湖呈弧形，湖畔长满芦苇草，乘着猪槽船在芦苇之间划过，有种久违的安详与诗意。湖上的大嘴村在晨雾中最美，大嘴岛附近可以停车拍照。

草海

草海是镶嵌在泸沽湖上的翡翠，水生植物、珍禽异鸟和鱼虾贝螺构成了生物大观园。这是处于四川境内泸沽湖出水口，从而形成了天然湿地。当身着红衣白裙的摩梭姑娘划着猪槽船在芦苇水路间穿行，悠扬的歌声在草湖上空飘荡时，自在、逍遥的游人已经抛开了所有的烦忧。草海上有一长长的木桥连接两岸，被称作走婚桥。这座长达300余米

的木桥原是为阿夏走婚提供交通便利，但现在被游人们喻为"天下第一爱情鹊桥"，成了有情人到泸沽湖的必游景点。

草海4、5月份的时候最漂亮，与泸沽湖划船迥然不同，是另一种风味。

格姆女神山

海拔3754.7米的格姆女神山是泸沽湖的最高处，在摩梭神话传说中，它是格姆女神的化身。登临女神山可窥见泸沽湖全景，如一弯新月，宁静而又碧绿清澈。转山节期间，摩梭人都要上女神山祭祀女神，从达祖纳西村后的转山古道，经柏香林，可到顶端女神庙、女神洞。转山古道也是在泸沽湖游山看水的黄金线路。

正对格姆女神山的一个湖湾，被称作"女神湾"，是整个环湖景点中最经典、景色最好的地方。女神湾很安静，湖光山色，尽揽在怀，绝对是拍照摄影的最佳地点。

摩梭人的走婚制度

　　摩梭人至今仍保留着由女性当家和女性成员传宗接代的母系大家庭，以及"男不婚、女不嫁、结合自愿、离散自由"的母系氏族婚姻制度，即阿夏婚姻，也就是我们熟知的"走婚"。

　　"阿夏"是泸沽湖摩梭人中有情爱关系的男女双方的昵称。"阿夏"婚姻的特点是：亲密的伴侣之间不存在男娶女嫁，男女双方仍然属于自己原有的家庭。婚姻形式是男方到女方家走访、住宿，次日清晨回到自己家中。因为是由男方的"走"而实现的婚姻，所以当地人又称这种关系为"走婚"。双方所生子女属于女方，采用母亲的姓氏，男方一般不承担抚养的责任。一般一个男子或女子只有一个"阿夏"，只有在感情不和的时候，才会断绝关系，再找一个"阿夏"。

独克宗古城   23

最美理由 /
　　茶马古道云南段上最重要的古镇之一，石板路、藏式民居、酥油茶、转经筒和锅庄舞的旋律都让这座古城有了别样的风情。在高原的月光下，这座以白色建筑为主体的古城散发着迷人的光泽，应和了"月光城"之名。

虽然经历大火焚毁，相信在各方的努力下，独克宗终将恢复昔日的风采。
最美季节 / 春季、夏季、秋季
最美看点 / 藏刀店、特色酒吧、阿布老屋
最美搜索 / 迪庆州香格里拉

大火后的独克宗古城一片苍凉

　　"独克宗"藏语意为白色石头城，寓意月光城，距今已有 1300 多年历史了。据说，它是按照佛经中的香巴拉理想国建造的。建城之初，另有一座日光城与其遥相呼应，取"日月同辉"之意，如今独留月光城。以团结路为界，香格里拉被分为旧城和新城，旧城就是指独克宗古城，曾是堪称中国保存得最好、面积最大的藏式民居群，这里曾是茶马古道上的枢纽。

　　2014 年 1 月，独克宗古城在一片火光中，几近毁灭，2/3 的古城被焚毁，那些蜿蜒的街巷、古朴的藏式民居化为灰烬。火灾之后，香格里拉决定投入 12.2 亿元，对古城进行重建，预计 2016 年完工。虽然那些古朴的老房子再也回不到从前，但相信重建后的古城依然有青烟缭绕，有繁星满天，有高原独有的空旷悠远。

　　新城便是香格里拉县的中心，香格里拉原名中甸，海拔 3280 米，地处青藏高原东南边缘、横断山脉南段北端，"三江并流"之腹地。

松赞林寺

24

最美理由 /
　　松赞林寺依山而建，层叠依势而上，从远处看颇似拉萨的布达拉宫，其布局原也是仿布达拉宫，故有"小布达拉宫"之称。外围筑有椭圆形城垣，主殿威严而华美，殿内壁画色彩鲜艳，笔法细腻，是云南地区藏传佛教大寺。

最美季节 / 一年四季，一天尤以早晚景色最佳。

最美看点 / 扎仓、吉康

最美搜索 / 迪庆州香格里拉县北 5 公里。

松赞林寺依山而建，层层叠叠，有"小布达拉宫"之称

松赞林寺是云南最大的藏传佛教圣地

从香格里拉北行至此，只见群山之间有一个依山而建的藏式碉楼建筑群，在高原湛蓝的天空下，四周的群山仿佛合围成八瓣莲花拱卫着寺庙。这就是被誉为"小布达拉宫"

⊙ **贴士**

女性游客禁止进入寺院厨房，其他地方并无禁忌。大殿内未经允许不能拍照。殿顶常有大量红嘴乌鸦，这被当地人视为神鸟，不得惊扰。站在寺庙高处的平台上，可以鸟瞰整个香格里拉县城。

◙ **节庆**

每年农历十一月二十七是藏传佛教里的跳鬼节，届时，松赞林寺里会举行很多活动。

的噶丹·松赞林寺。寺院建于清康熙十八年（1679年），由五世达赖亲自选址，奏请清康熙皇帝，并赐名为"三神游息之地""噶丹·松赞林"。清雍正二年（1724年），雍正皇帝赐名为"归化寺"。作为云南最大的藏传佛教圣地，松赞林寺信众无数、远近闻名。

与藏传佛教建筑样式相同，松赞林寺的扎仓、吉康两大主寺位于最高点，矗立在中央，八大康参、僧舍等建筑簇拥拱卫，远远望去，寺顶镀金铜瓦，殿宇兽头飞檐，如金字塔般稳固、庄严。层层递进、错落有致的建筑形成了整个建筑的层次分明与高大雄伟的形式感。扎仓在藏语里意为僧院，是僧众学习经典、修研教义的地方；康参是分布在主殿周围的一个个小寺院，是供给僧侣们修炼居住的地方。

普达措国家公园 25

最美理由 /
　　明镜般的高山湖泊、水美草丰的牧场、百花盛开的湿地、飞禽走兽时常出没的原始森林。景区雨量充沛、气候宜人，植物生长茂盛，植被丰富，还有多处断层崖、林间小涧、深沟峡谷等一些独特小景交错分布，情趣盎然。置身这样的大自然中，很难不被这种景致所打动。

最美季节 / 四季皆宜，以春、秋两季尤甚

最美看点 / 春夏之交，高山杜鹃盛开和秋天层林尽染之时最为美丽

最美搜索 / 香格里拉东 22 公里处

高山、湖泊、森林、冰雪、蓝天组成的美景怎能让人不动心

蜀都湖是香格里拉最大的湖泊之一

"普达措"地处三江并流的核心地区，由蜀都湖和碧塔海，以及洛茸民族生态文化村共同构成。"普达措"原为碧塔海的藏语原名，意为"普度众生、到达苦海彼岸的湖"。

公园内有高山湖泊、高原牧场、湿地和原始森林，而碧塔海和蜀都湖是两个高原淡水湖泊，素有"高原明珠"之称，湖中盛产裂腹鱼、重唇鱼，属于远古的生物种类。每年5、6月份，满山杜鹃花开放，杉树、野花、鸟儿都从寒冬中苏醒过来，在鸟语花香的景区里漫步，感受大自然的气象万千。

蜀都湖

蜀都湖是香格里拉最大的湖泊之一，清澈透亮的湖水中游弋着著名的"蜀都裂腹鱼"。这种周身呈金黄色的鱼腹部有一条裂纹，肉质细腻鲜美，因本地藏族有水藏的民俗，所以不吃鱼，而湖面还有野鸭、水葫芦、黄鸭飞禽掠过。湖泊被原始森林围绕，最有名的是云杉和冷杉，高大的树干直指云霄，白色的树须则如白絮环绕别有趣味。

蜀都湖畔是香格里拉县有名的牧场，弥里塘草场就在蜀都湖区域内，是一个长条形的高山草甸区，这里草场广阔，水草丰茂，春夏之际成群的牛羊游弋于湖畔，有如花海间的人间天堂，而冬天的早晨因为温差的原因，湖面会升腾一层虚幻缥缈的白雾，如仙境般的风光令摄友们惊叹不已。

碧塔海

藏语称为"碧塔德错"，是指这里栎树众多的湖泊。被栎树合围的碧塔海，如黛色群山中的一块碧玉，在太阳的照耀下奇秀悦目。湖畔杜鹃花众多，每年5月左右是杜鹃盛开的时季，花海中牛羊悠然徜徉于鲜花烂漫的草甸上，湖光与草原相映成趣。而湖中常有因为吞食了花瓣而醉卧湖面的鱼类，这便是碧塔海最著名的"杜鹃醉鱼"的景观。因为无污染，碧塔海里的鱼类保存完好，其中有一种鱼因长了三个嘴唇而被命名为"碧塔重唇鱼"，它是文物级的物种，为第四纪冰川时期特有，距今已有250万年的历史了。

白水台　　　　　　　　26

白水台是纳西族东巴教的发祥地

当地的纳西族人学会造田耕地，幻化出这样一片梯田，因此得名"仙人遗田"。临近台地，白水台层层叠叠，似片片弯月散落人间，朝霞夕照下银光散射出清新温婉的柔美。白水台左下侧有一石穹隆，通体洁白如玉形如一孕妇，这是当地民众供奉生殖神的地方。

相传，纳西族东巴教始祖"东巴什罗"从西藏学习佛经回来，途经白水台被其美景吸引而在此设坛传教，并在此修炼成道。白水台被奉为东巴道场，每年农历二月初八是纳西族一年一度的"朝白水"节，当地的东巴教信众便会聚在此进行祭祀活动，祈求来年丰收。

东巴教

　　东巴教是纳西族古老的宗教，"东巴"，可译为"山乡诵经者"，他们有的是本民族中的"智者"。相传，在 11 世纪中叶，就有丁巴什罗（丁巴为藏语，意为祖师；什罗，是人名），在白地附近传播东巴教。他与门徒第一次用象形文字撰写东巴经，被后世奉为东巴教的祖师。至今东巴经内还有关于他的身世和传说的记载。东巴经经过千百年的丰富和发展，成了纳西族古代文化的宝库。

　　白水台在纳西语里被称为"释卜芝"，意为"逐渐长大的花"，这里还是纳西族东巴教的发祥地。白水台又有"仙人遗田"之称，因为从远处看去，青山掩映中的白水台仿佛层层梯田。相传，纳西族的两位天神为了让

纳帕海与依拉草原 27

最美理由 /
　地势平坦，三面环山，冬夏季节，山岭积雪，纳曲河、奶子河等十余条河弯弯曲曲，流经草原注入纳帕海。纳帕海是一个典型的季节性湖泊，也是候鸟聚居的地方。

与其相邻的依拉草原是香格里拉最大、最美的高山草原。
最美季节 / 夏末秋初
最美看点 / 高原季节湖泊、观鸟、骑马
最美搜索 / 距香格里拉县城 8 公里

纳帕海

　　这里的全称为纳帕海自然保护区，保护区面积 31.25 平方公里，海拔 3266 米，湖泊积水面积 660 平方公里，为高原季节性湖泊。每年夏末秋初进入雨季，湖面增大，而从秋末起至次年夏季之前，湖水回落成为湿地或草原。秋季来临，伴着秋风渐起，成群的黑颈鹤、斑头雁、白鹤、黄鸭、麻鸭从四面八

方如期而至，在湖畔沼泽觅食、嬉戏，盘旋于湖面之上，这里还是黑颈鹤最理想的栖息地，这个季节也就成了观鸟胜地。

　　湖水周边草原就是依拉草原，这是香格里拉地区最大、最美的草原。7 月的依拉草原，宛如碧波荡漾的海洋，绿草茵茵的草原上面开满红的野芍药、野菊和许多说不出名的小花，与重新被注满湖水的纳帕海连为一体，形成一幅美丽高原画卷。依拉藏语意为"豹山"，因传说中依拉草原门户内北边坐落的豹山是一座"神山"而得名。这里既可领略藏族聚居区草原牧歌式的风光，又可切身感悟迪庆香格里拉藏民族神秘人文风情。

TIPS

贴士
依拉草原西侧的山峰上是俯瞰海子、草原，摄影的最佳角度。

香格里拉大峡谷 28

最美理由 /
　　当幽深的峡谷突然开阔起来时，茫茫林海、青青草场就铺展在了眼前。那林海是至今保存完好的原始森林，在峡谷中跋涉了许久，再进入这种未经人类斧锯侵扰和自然条件恶劣的古森林怀抱，会觉得真正地回归自然。

最美季节 / 夏秋两季

最美看点 / 原始森林，雪山，草地

最美搜索 / 香格里拉县格咱乡的翁水村

香格里拉

TIPS

贴士

1. 每年 11 月左右，由于大雪封山，开往峡谷的班车均被取消。

2. 每年农历十二月十五是滇川藏族在仙人洞前聚会歌舞的日子。

香格里拉大峡谷也叫"巴拉格宗"，位于香格里拉县城西北部 80 多公里处由巴拉格宗生态旅游区与碧壤峡谷组成。

岗曲河被新造山运动挤压在海拔仅 1000 多米的谷底，两岸对峙的则是壮丽的雪山。峡谷中的雪山平均海拔在 3000 米以上，其中峡

谷尽头海拔 5545 米的巴拉格宗雪山是康巴地区三大神山之一。峡谷里生态环境保护良好，满山遍布葱郁滴翠的冷杉、云杉，还能见棕榈树杂于其间。奇异的光影、嶙峋的山石，在峡谷中随处可见，村民纯朴真挚。香格里拉大峡谷里还有一个香格里拉最大的喀斯特溶洞——赤土仙人洞；洞口石壁上天生一个脚印，五指俱全，被视为世间少有的奇特景象。

香格里拉大峡谷直耸云天的绝壁上，分布着岩画。根据其较为粗犷的轮廓和模糊的印迹，有关专家考证为古代迁徙民族留下的符号，其营造的文化氛围，为峡谷平添了几分悠久古朴的人文意蕴。这里也是摄影者的天堂。

蓝月亮大峡谷

石卡雪山

29

最美理由/
　　石卡雪山是香格里拉藏族同胞心中的保护神，这里不仅有纯美的自然风景，也可朝圣、徒步、探险、体验民俗，这里几乎包容了"三江并流"区亚高山带和

高山带所有的垂直带立体生态景观。

最美季节/ 夏秋两季

最美看点/ 雪山、峡谷、湖泊、花海、草甸

最美搜索/ 香格里拉县城 7 公里处

石卡雪山

　　"石卡"一词来源于香格里拉藏语译音，含义为"有马鹿的山"，而马鹿在藏传佛教里面是正在聆听佛祖讲经说法的芸芸众生，因此，马鹿是藏传佛教吉祥动物之一，表示"吉祥长寿、驱邪正法"，所以石卡雪山在香格里拉藏族群众的心中就是香格里拉的保护神。历史上，坐落在神川铁桥东城独克宗与铁桥西城丽江塔城之间的石卡雪山，是连接吐蕃与南诏的纽带。

　　最高峰石卡山主峰海拔 4449.5 米，最低点纳帕草甸海拔 3270 米，相对高差 1179 米，几乎包容了滇西北"三江并流"世界自然遗产地亚高山带和高山带所有自然垂直带立体生态景观资源。垂直带分布的自然景观包括

雪山、灵湖、森林、草甸生态旅游资源、珍稀动植物和观赏植物，蓝天、白云、雪山、草甸、藏房、炊烟、牛羊……大自然的造化在我们面前展现出一幅"天人合一"的绝妙图案。天气晴好的日子，从石卡雪山山顶可以看见香格里拉八大神山。

TIPS

⊚ 贴士
　　石卡雪山开设全长 4157 米旅游的观光索道，由下而上两段贯穿整个景区。第一段索道到达亚拉青波牧场，第二段索道上到海拔 4449 米的石卡雪山山顶。

白茫雪山　　　　　　　　　　　　　**30**

最美理由 /
　　这里是从香格里拉到德钦的必经之处，因为海拔不断上升，翻越这座海拔 5000 米的雪山可看到不同气候带上的植被。同时也是香格里拉与德钦的自然分界线，是茶马古道上一道极难逾越的天堑，而东竹林寺

和金沙江第一湾则为此地增加了许多的看点。
最美季节 / 夏秋两季
最美看点 / 冷杉群落、杜鹃花卉、东竹林寺、金沙江第一湾
最美搜索 / 迪庆州香格里拉至德钦途中

白茫雪山有"寒温性高山动植物王国"的美称

　　海拔 5000 米左右的白茫雪山地势由西北向东南逐步倾斜，拥有极大的气候垂直带，立体气候成就了高山寒带植物的生长，所以在这里能看到冷杉群落，同时还能看到高山杜鹃、报春、绿绒蒿、龙胆等云南特有的高山花卉，也正因如此，白茫雪山有"寒温性高山动植物王国"的美称。是云南省海拔最高、面积最大的自然保护区，以保护滇金丝猴为

主的珍稀濒危野生动物及其栖息地兼保护横断山脉生物多样性等为目的。

　　每年 12 月至次年 4 月大雪封山，汽车已不能通行，只能等到夏秋两季才能通车，此时公路沿线已然冰雪消融溪水潺潺。因此，一年中只有夏秋两季是白茫雪山的对外开放的最佳时节，种类齐全、傲霜斗雪的冷杉、神韵卓绝的杜鹃是这里最为重要的自然景观，

东竹林寺是康巴藏族聚居区十三林大寺之一

以冷杉为主要植物的林海雪原和杜鹃的王国与叠翠的山岭构成了"雪山天然公园"。

东竹林寺

坐落在德钦县奔子栏乡书松村南永干顶东坡上，海拔 3000 米，是康巴藏族聚居区十三林大寺之一。该寺始建于清康熙年间，原名"冲冲措岗寺"，意为仙鹤湖畔之寺。东竹林寺原属噶举派寺院，后归属格鲁派，为康熙与五世达赖喇嘛在康区立誓建立上部显宗寺院十三座，下部密宗十三座之密院最后一座，至此也就了却了康熙帝的一大心愿，五世达赖喇嘛赐名"噶丹东林"，含有成就了上下部显密院事业的意思，从教义上讲，意为"成就二业"，即自己与他人的事业。

东竹林寺在建筑风格上完美地承袭了藏传佛教的风格，保留着观赏价值极高的壁画，

TIPS

◎ 贴士

白茫雪山保护区腹地冬季冰封雪阻，从 12 月至次年 4 月大雪封山，一般不能通行汽车，每年夏秋两季才能通车。

在康巴藏族聚居区，尤其是迪庆地区有着极高的地位。历史上，东竹林寺有转世活佛 9 位。但与松赞林寺不同的是，这里不设康参，而是在各地建有安吹，也就是寺院所辖的静修点。这也是因为东竹林寺地处高寒山区，到冬季就容易大雪封山，也免去路途不便的困扰。安吹的设置则能满足各地法事活动的需要。

金沙江第一湾

过奔子栏往德钦方向可以路过金沙江第一湾，公路旁边有观景台，当地司机都知道在此停留供游客拍照。金沙江第一湾非常壮丽，因为公路在半山腰，所以整个 "C" 形大弯从脚下远远流过。江对面属四川得荣，江边公路就是通往得荣方向的。这里也被称为 "长江第一湾"，从地理角度讲确实要比 "石鼓镇第一湾" 靠近上游。但从江流角度和方向来说，石鼓镇的第一湾整个将江水转变方向确实是长江所拐的极大的第一湾。不过单从摄影和视觉效果来说，奔子栏的第一湾更具美感。

金沙江第一湾在崇山峻岭间形成一个大大的 "C" 形

梅里雪山

31

最美理由 /
　　海拔 6740 米的卡瓦格博峰是云南第一高峰，也是藏传佛教的朝觐圣地，因至今无人登顶成功，而成为世界上高海拔的"处女峰"之一。此峰常年有云雾缭绕，很难有云开雾散的时刻，但如遇日出之际，光辉将整个山峰辉映得金光灿灿，所以"日照金山"成了这里

最为珍贵的瞬间。
最美季节 / 观赏梅里雪山的最佳季节是 1～5 月的冬春之交。
最美看点 / 卡瓦格博，缅茨姆
最美搜索 / 德钦县城西 11 公里，214 国道旁

梅里雪山是藏族聚居区八大神山之一，是藏族人心中的守护神

　　梅里雪山是云南和西藏的界山，由 13 座山峰组成，主峰卡瓦格博峰。当地人并不这样称呼这座雪山而称其为"神山"，梅里是转山途中的一个村子。后因那次并没有成功的中日梅里登山事件，使得这座鲜为外界所熟知的雪山被以梅里命名，广为流传。

　　卡瓦格博是一座形似金字塔的雪山，主峰海拔 6740 米，为云南第一高峰，迄今无人

登顶。1991 年中日联合登山队 17 名队员在攀登卡瓦格博峰途中全部遇难，为纪念遇难者特在遥望的神山的地方树有一块石碑。卡瓦格博是藏族聚居区八大神山之一，藏传佛教的信众认为它护佑着周遭的一切生命，所以每年都要通过转山这种仪式来表达对神山的崇敬，并祈求平安。每年都有来自西藏、青海、四川、甘肃的信众赶来朝拜，其虔诚和艰辛

TIPS

◎ 贴士

飞来寺不是一个景点，没有门票，但从飞来寺再往明永冰川和雨崩村，到达澜沧大桥处雪山保护区的地方设有景点售票处，60元，保险费3元。守望6740客栈、梅里往事客栈都面对梅里雪山，是眺望梅里雪山最好的客栈。飞来寺也是前往雨崩村和明永冰川的重要中转站。

◎ 民俗

到了柏树桥下车买门票时，要捡一块路边的石子放在寺庙旁的嘛呢堆上，这是获得进入神山的钥匙。

的程度令外界叹为观止。

飞来寺是面对卡瓦格博峰的一座寺院，因与卡瓦格博峰遥相呼应成为观赏卡瓦格博的最佳位置。现在，飞来寺附近修有观景台，成为观赏梅里雪山最佳地点，不少摄影发烧友从香格里拉直接乘车前往飞来寺，只为在这里能等到卡瓦格博从云雾之中展露出真容的那一刻。因为这个独特的地理位置，飞来寺也成为旅游者观雪山的聚居地，方圆几公里密集了几十家客栈。当神山从云雾间显露出来，并被阳光照射的那一刻，场面壮丽而又令人肃然起敬，这一景观被称为"日照金山"。

如果时间充裕，从香格里拉到梅里雪山最好是包车，途中经过尼西、奔子栏、东竹林寺、白茫雪山、德钦县城、飞来寺，最后可到明永冰川，沿途自然景观极佳，也可以说是香格里拉地区的核心景区；其中包括自然景观的雄浑、苍劲，人文景观的神秘与神圣，同时也充满了对人类的身体承受能力的极大考验。

卡瓦格博峰

从地理学的角度来说，卡瓦格博就是一座海拔6740米的自然之山，但在藏族群众心目中，卡瓦格博却是一位佩戴银盔玉甲的威武勇士，他昂首于蓝天碧幕之下，守护着方圆百里的一草一木以及每一个生命。在经文《绒藏卡瓦格博赞》中"（卡瓦格博）山体像坚竖的长矛，山尖似白色的多玛，色彩如悬张的白绸"。在噶举派的历史中，噶玛噶举的第三世活佛曾为雪山进行加持开光，并留下了圣地指南，卡瓦格博因此成为了噶玛噶举派的一大修行圣地。在《格萨尔王传·加岭之部》这部英雄史诗中记载：卡瓦格博神所管辖的雪山地区是密宗本尊胜乐轮的一片刹土和宁玛派祖师莲花生的藏经地。卡瓦格博原为一名恶刹，后被格萨尔王收复成为一尊保护神，是绒地（现德钦一带）安定、吉祥幸福的保障。卡瓦格博被作为山神，在转经道上的寺庙里，它常是骑在白马上英武塑像立于释迦牟尼的左侧，供人朝拜和瞻仰。

作为自然之山的卡瓦格博峰因气候变化莫测，景色也变幻莫测，它金字塔般的身影常年都是在云雾之后。秋末到春初，神山大都显于晴空之下，蓝天下雪山威立，流云变幻。清晨八九点，到飞来寺朝山烧香者最多，人们认为能亲眼看到阳光下的神山真容是极大的福分。夏秋多雨季节，雪峰通常都在云雾缭绕之中，偶尔透过雾纱显露真容，景色充满了奇幻神秘色彩。此时节，远道而来的香客们若能一睹卡瓦格博展露风采，心里顿感莫大的欣慰和满足，并加以顶礼膜拜。

每年，藏传佛教的信众都要通过转梅里雪山来表达对神山的崇敬

神女峰（缅茨姆峰）

神女峰是"太子十三峰"中最漂亮的一座，海拔6054米，位于卡瓦格博峰南侧。缅茨姆，意为大海神女峰，传说当年卡瓦格博随格萨尔王远征恶罗海国（现印度一带），恶罗海国伴将缅茨姆许配给卡瓦格博，不想两人一见钟情，卡瓦格博随格萨尔王征战归来后，与缅茨姆一同镇守绒地。

从不同的侧面看，缅茨姆峰的形状都不相同。东面看峰顶极似一尖削的金字塔，东南面看则像一端坐的贵妇人。

其他山峰

另外的山峰包括，位于缅茨姆峰北侧并与之相连的吉娃仁安，藏语意为"五佛之冠"，因此由并列排立的五个扁平而尖削的雪峰组成，似菩萨戴的五佛冠帽而得名。位于五佛冠峰与卡瓦格博之间的布迥松阶吾学，传说是卡瓦格博和缅茨姆的儿子。藏语意为"无敌降魔战神"的玛兵扎拉旺堆，相传他是卡瓦格博在东北方向的守护神。另有"奶日顶卡""粗归腊卡""说拉赞归面布"等。

明永冰川   32

最美理由 /
　　冰斗、冰川在卡瓦格博十三峰一带并不罕见，但明永冰川从卡瓦格博峰以弧形一直往下绵延 11.7 公里，到达海拔 2660 米的森林地带，是我国纬度最南的、末端海拔最低，也是最为有名的现代冰川

最美季节 / 夏秋两季
最美看点 / 太子庙、莲花寺
最美搜索 / 德钦县梅里雪山脚下明永村

明永冰川是我国纬度最南、末端海拔最低，也是最有名的现代冰川

　　这条最长，也是最有名的冰川，藏语称为"明永恰"。"明永"为冰川下一个村寨的名字，"明永"指火盆，因这个村子四周山峦起伏、气候温和，得名"明永"，"恰"则是指"冰川融化的水"。

　　明永冰川所处的雪线低，气温高，所以常能听到山里传出如雷鸣般的声响，那是因为骄阳当空烤化了雪山上的冰体而导致成百上千的巨大冰体轰然崩塌下移发出的声响。而冬季，冰舌又从海拔 5500 米向下延伸到海拔 2800 米处，远处望去，如银龙飞舞，在阳光下闪着银光。但现在因全球气候变暖，加之游人增多，导致冰川线上移。为了更便于游客观赏冰川，这里已修建栈道。

　　冰川栈道全长约 1 公里，分别有上、中、下 3 个观景台，最佳观赏点在上观景台，在

终年积雪的山峰在蓝天白云的衬托下更显高远

这里看到的冰川十分清亮，泛着淡蓝色的光泽，但寒意阵阵。如果天气晴好，从观景台可以看到卡瓦格博峰的英姿。

明永村

明永村位于卡瓦格博峰脚下，海拔 2230 米，是进入明永冰川的入口，也是梅里内转的终点。

从明永村景区进入后可步行或骑马上山，山路为土石旅游路径，人行道和马道分开而行，有部分较陡路段需下马步行。随着游人的增多，为了适应旅游的需求，明永村对于马匹的使用和牵马者都进行统一管理，实行全村各户轮派制和明码标价，不存在砍价和挑马的问题。途中穿越峡谷森林，溪流依路而下，骑马至太子庙约 1 小时。

太子庙

太子庙位于雪山山麓腹地，是朝拜神山的香客的煨桑之地，由上太子庙和下太子庙组成，常年香火都极旺盛。朝山转经的顺序为先下寺后上寺，太子庙常年香火旺盛，转经者络绎不绝于途，在太子庙转经朝拜后则徒步攀爬冰川，信众将此视为吉兆。

太子庙背后有个陀尸林，嘛呢堆上插满风马旗，以白色的为主，嘛呢堆上撒满骨灰或者放满盛骨灰的坛子，是转山人把亲人的骨灰带到这里的，以求得到神的庇护。

莲花寺

莲花寺位于冰川的最高点，寺院规模比太子庙大，从太子庙徒步至莲花寺需 1 小时左右，寺院海拔 3100 米，晴天时是看卡瓦格博峰绝佳之地。莲花寺始建于元太宗时期，现存寺院为后世重建。莲花寺建于山脊之上，视野更为开阔，寺内供奉有释迦牟尼和护卫他的卡瓦格博神像。

TIPS

📍 贴士

随着全球气候变暖，明永冰川底部逐年缩短。如果运气好，还能看到雪山上的雪崩。在这里最好不要用喊叫宣泄心情，一是学习藏族同胞对神山的尊敬，二是不要人为破坏雪山的安宁。

雨崩村 33

最美理由 /
　　这是一座三面被雪山环绕的小村庄，是一个至今未与外界公路相通的村子。它的美在于它的遗世独立、它的宁静质朴和它给人带来的那种旷世桃源。这里曾是中、日登山队的大本营所在地，雪山护佑下的雪山

村落至今依然宁静。

最美季节 / 5 月、10 月、11 月
最美看点 / 雨崩神瀑、大本营、下雨崩
最美搜索 / 德钦县中西部的梅里雪山脚下

雨崩村的美在于它的遗世独立，它的宁静质朴

位于缅茨姆峰和五佛峰下的雨崩村是一个三面被雪山环绕的小村庄，至今仍然只有一条人马驿道与外界相通。全村只有二十几户人家，分为上、下村雨崩，上村是通往攀登卡瓦格博的中日联合登山大本营的必经之地，下村则通往雨崩神瀑，沿途可以看到古篆天书、五树同根的奇景。

雨崩村的独特地理环境，使得这里有如陶渊明笔下的"世外桃源"，经国内外专家们的考察则一致认为，这里是一个"香格里拉"的缩影。因充沛的降雨量及特殊的地理环境和气候条件，雨崩村以及周围的植物茂密而又奇异，在一些老树的主干上往往可以看到寄生着许多其他植物，这种奇特现象被称为"五树同根"。

雨崩神瀑

从下雨崩出发可以到达卡瓦格博峰南侧的"雨崩神瀑"，这是一处从悬岩倾泻而下的瀑布，藏传佛教的藏族群众认为雨崩神瀑下经过瀑布的"洗礼"，可洁净心灵达到对自身的修炼，也可祛病消灾。雨季时，瀑布十分壮观。

佛教徒到此要进行转神瀑仪式，这是内转的一个重要组成部分，应做好防水准备。

大本营

梅里雪山登山队的大本营位于布迴松阶吾学峰和吉娃仁安峰（五冠峰）之间的山谷中，从上雨崩村后面徒步13公里，翻越一个海拔4000米左右的雪山垭口，即到达。

大本营是个高山牧场，海拔3600米左右。牧场四周生长着冷杉林，被三面雪山环

一次震惊世界登山界的山难

海拔6740米的卡瓦格博峰至今仍是一座无人征服的雪山，在同海拔的雪山中也算是特例。20世纪初就不断有美国、英国、法国等数个国家的登山队和登山家，沿茶马古道来到迪庆试图征服这座海拔仅为6740米的雪山，而那时，8844米的珠穆朗玛峰都已经被人类征服。

1989年9月，中国和日本组成了联合登山队，第一次尝试攀登，结果到海拔5500米左右因天气突变不得不宣布失败。1990年11月到1991年1月，中日联合登山队经过精心组织再次攀登，这次登山队员最高到达了海拔6470米的三号营地，但1991年1月1日雪山天气突变；1月3日22时，登山队员与大本营失去联络；1月4日依然无法联系。在接下来的三天里，经过努力，以直升机、登山搜救等形式依然没有结果。至此，一共17名登山队员全部遇难，消息传来，震惊世界。这是人类登山史上最大的山难之一。

直到1997年，当地村民才在放牛时在离当年登山队宿营地数公里远的明永冰川融化的冰层中，发现了一些失踪队员的遗物。

数次梅里登山活动都受到当地藏族同胞的阻止，在藏传佛教里，卡瓦格博峰不是一座自然山，而是一个守护神，在信众的传统里，神山是不能随便攀爬的，连同山里的一草一木都不能随便砍伐和采摘。出于对民族信仰的尊重，政府以立法的形式明令禁止攀登这座神山，这在世界范围内都是绝无仅有的。

雨崩

绕，牧场中的小木屋是牧民夏季放牧时搭建的。1991年梅里雪山中日联合登山队的大本营就设在这里。雪崩发生时，只有留在大本营的后勤领队免于此难，而到达三号营地的队员全部遇难。尽管如此，雪崩发生时的气浪还是将大本营附近的大片树木掀倒，至今还有大片的、倒塌的树干和树根。

成为旅游景点的大本营成了经历雪崩的地点，大自然的威力足以令人类感到自身的渺小与微不足道。从大本营再继续向上攀登能到达布迥松阶吾学峰左侧的一条冰川，规模不如明永冰川，但也十分壮观。站在海拔5300米的二号营地可以清楚地看到主峰卡瓦格博。

尼龙村、尼龙峡谷

对于徒步爱好者来说，从尼龙进入雨崩是除开从西当进入雨崩的另一个选择，因为这条线路是沿澜沧江和绝壁而行，沿途风景与西当线路截然不同，另有一种惊人的美丽，而且线路也更具挑战性。而且，从西当进雨崩，从尼龙离开则不用原路返回，不走回头路。

尼龙—雨崩段是沿雨崩河在静寂的峡谷中穿行，峡谷空气湿润、云雾缭绕、山谷叠翠、

流水湍急。雪山融化而成的雨崩河最终与澜沧江汇合。前往尼龙的山路都是贴着崖壁走，狭窄仄逼，许多路段在雨季涨水的季节都被水冲得面目全非，而路下面是深不见底的深涧，耳边却是雨崩河咆哮的声音，这是整条徒步线路中最惊险的部分。

出雨崩河往左逆流沿澜沧江而上，则是典型的干热河谷地貌，两旁矗立的山峰寸草不生。尼龙村是一个几十户人家的自然村，这里清水绕宅、绿树成荫、民风淳朴。尼龙到西当村还有8小时左右的路程，但道路已经算是平坦了，而且风景依然美丽。

茨中教堂

34

最美理由 /

　　迪庆地区是云南藏族的主要聚居地，以藏传佛教为主要信仰。但沿金沙江一带却存在着许多信仰天主教的藏族或其他民族，呈现出不同宗教和睦相处的局面。茨中教堂中西合璧的建筑风格便是雪山脚下一处最醒

目的风景。

最美季节 / 每年 8 月是葡萄收获的时候
最美看点 / 茨中教堂、葡萄园、传教士坟地
最美搜索 / 位于德维公路距德钦县城 80 公里处

茨中教堂是典型的中西合璧建筑

　　"茨"藏语意为"村庄"，"中"藏语意为"六"。茨中被人们称为"美丽富饶的鱼米之乡"。红色的澜沧江从村旁奔流而过，一座悬索桥跨过河流，把茨中村和公路连接在一起。由于村庄坐落在对岸绿树掩映的山坡上，行驶在德钦前往维西的途中，一不留神就会错过。这里的原住民主要为藏族、纳西族。每

年春季以后，茨中便是花果满山，空中香气馥郁清爽。

　　茨中教堂建筑群坐落在树木繁茂的半山腰处，背系青山，前有座座农舍点缀，建筑群体与自然景观融为一体，别具特色。整个建筑以教堂为中心配套组合，中西合璧，主次得体，包括大门、前院、教堂、后院以及

地窖、花园、菜园和葡萄园等，结构紧凑，规模壮观。沿大门筑有外围堵，建筑四周以及房间空地，辟花坛，植果木、红绿相映，风雅别致。

天主教堂原址在茨中南约15公里的茨姑村，为清同治六年（1867年）修建，当时许多的欧洲传教士跋山涉水、历尽艰险在云南西北部高原传教。他们建立教堂、发展教徒，在强大的藏传佛教势力中，艰难地存在着。清咸丰年间，天主教开始传入德钦地区，茨姑村教堂作为"云南驿区天主教主教座堂"，几乎成了西方传教士在德钦乃至西藏进行宗教活动的大本营。

清光绪三十一年（1905年），德钦县境内发生驱洋教运动，德钦县及西藏盐井、芒康的僧俗各界群众放火焚烧了茨姑教堂，史称"阿墩子教案"。教案结束后，教会提出划茨中土地作为赔偿的要求，清政府迫于压力应允。教会于清宣统一年（1909年）破土动工修建茨中教堂，历时10年才得以竣工，建成后即成为天主教云南铎区主教礼堂。教会还曾在此办过一所学校和一所修女院，这些房舍至今保存完好。茨中天主教与当地的藏传佛教、东巴教各有各的信众，也有各自的宗教活动场所，互不影响，和睦共处。

这是一座哥特式的建筑但又明显融汇了藏、汉等民族建筑的艺术特色。教堂风格整体上体现了巴斯利卡式教堂的特征，又兼罗马教堂的特色，却又处处透着中国化的陈设。在高大的三层钟楼的屋顶上，有中国传统式的飞檐。钟楼的最高处竖立着十字架。但是教堂内部却

茨中教堂内，教徒们在做礼拜

到处是中国化的对联：极仁极爱，至善至谦。而在耶稣像左右分别是：宣仁宣义聿照拯济大权衡，无始无终先作形声真主闻。

教堂的后院有两座并排的坟墓，墓穴均为圆拱造型，墓上有十字架，北侧墓穴的墓碑上刻着法国传教士伍许冬神父的名字，他死于1920年。另外一座已经没有姓名的墓穴埋葬的是瑞士传教士于伯良，于伯良来茨中不久，就因患脑膜炎去世。茨中的传教士在1949年以后都返回了欧洲。登上顶楼，茨中景色尽收眼底，遥望江水匆匆向南流淌。

后院有两棵枝叶茂盛的大树——桉树和月桂树，都是传教士当年为聊解思乡之愁，用欧洲带来的树种种下的，至今已近百年。大树四周的大片葡萄园所出产的名叫"玫瑰蜜"的葡萄也是传教士从法国带来的，他们还把酿制葡萄酒的器皿和技术带入迪庆并将酿制技术教给当地的信教群众。现在，葡萄种植和葡萄酒的酿造成了茨中一项主要的副业，葡萄成熟的季节成了茨中的一个节日。如果你到茨中，还可品尝到醇正的甘地葡萄酒。

滇西记忆

《滇西1944》《我的团长我的团》等一批抗战题材电视剧的热播把一个长时间淡出人们视野的历史时期重新摆在大众的面前，也让一个边远的地理概念吸引了人们的目光，这就是滇西。顾名思义，滇西就是滇的西部，这里有一条叫作怒江的大江流过，当它流出中国的土地后就改叫了萨尔温江，最终归入印度洋。怒江流过滇西的怒江、保山、德宏，也见证了20世纪那场最终影响了世界格局的战争。当历史的硝烟尘埃落定，这里的山水孕育出来的瑰丽与神奇才是令我们最为流连忘返的。

怒江大峡谷

01

最美理由 /
世界上最长、最神秘、最美丽险奇的大峡谷，是"三江并流"的核心区域。这里居住着傈僳族、怒族等云南特有的少数民族，风景如画、民俗风情独特。

最美季节 / 10 月到次年 4 月
最美看点 / 石月亮、丙中洛、雪山、峡谷、溜索、民族风情
最美搜索 / 位于怒江州六库至贡山

怒江大峡谷是世界上最长、最神秘的大峡谷

从六库一路向前直到贡山，整个线路都是沿着峡谷和怒江两岸前行。碧罗雪山、高黎贡山、担当力卡山与澜沧江、怒江、独龙江相间构成了地球上最美丽的一个"川"字，这里是"三江并流"的核心区域。这里山高水深，清晨时分雾锁江面，如水墨画般意境深远。当雾渐渐散去，两岸的高山直插云霄是另一种景致，耳边却始终有江水奔流时发出的振聋发聩的水浪声。

据说世界上最长的大峡谷是美国科罗拉多大峡谷，其全长不过 440 公里，而怒江大峡谷仅云南段就长达 600 公里；就其深达 2000 米的峡谷深度也远超最深处 1830 米的科罗拉多大峡谷。峡谷两岸更有海拔超过 6000 米的太子雪山和梅里雪山拔地而起，形成夹峙之势，峭壁千仞、危岩嶙峋的怒江峡谷里，世居着傈僳族、怒族、独龙族等少数民族。

全球独一无二的地理环境造就了怒江大峡谷特殊的自然生态环境和当地人独特的生存方式。巨大的落差和复杂的气候使得这里江水湍急，江面无法行船，所以江岸两边架起的桥梁也就成了一个桥梁博物馆，从溜索、铁索桥到现代化的钢架桥在这里都能看到，桥梁也就成了江上的一道独特景观。但是怒江上的溜索几乎可以称为独一无二的，当地人利用两岸的高差架起一条铁索，然后利用滑轮原理溜人溜物也溜牲口。这种较为原始的交通方式需要有极好的心理素质才能完成，每年都会有过江人不慎掉到江里。现在已经有桥梁代替，但江上还是保留了极少的溜索。另外，交通的不便却在一定程度上保护了丰富而脆弱的怒江生态环境，减少了人为破坏。

TIPS

◎ 贴士

1. 这条线路目前只能搭长途车自助背包游，或者通过旅行社租辆越野车，从六库到丙中洛都有柏油路，山体塌方、道路弯曲，驾车一定要小心，慢速，注意力集中，最好请个当地陪导。

2. 丙中洛地区、独龙江峡谷因为交通不便自然生态保存较好，是怒江旅行的亮点。所以推荐怒江为深度旅游地区，适合徒步登山和体验民族风情。

溜索曾是怒江的主要交通工具，也是怒江上一道独特的景观

片马口岸

02

最美理由 /
这里地处中缅边境，所以是怒江州唯一的省级开放口岸，同时，20 世纪初的抗英事迹和 20 世纪 40 年代的抗击日军入侵的驼峰航线才是真正让这个边境小镇声名远扬的原因。

最美季节 / 一年四季
最美看点 / 中缅边境风情、驼峰航线纪念碑、高黎贡山自然保护区
最美搜索 / 距离六库 99 公里处

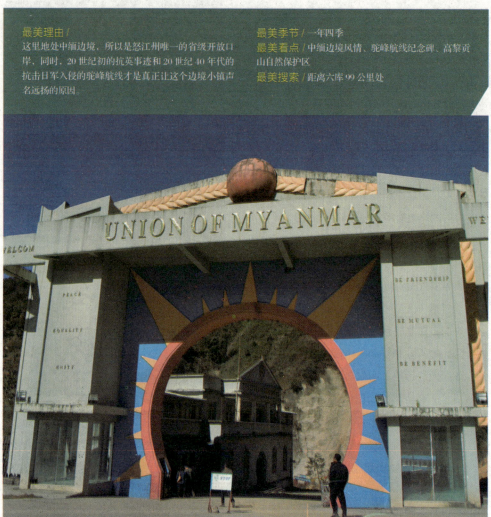

片马口岸是怒江州唯一的省级开放口岸

　　片马位于泸水县西部，南、北、西三面与缅甸接壤，距缅甸克钦邦首府支那仅 200 公里，是怒江州唯一的省级开放口岸，处在国家级自然保护区——高黎贡山自然保护区西坡腹地。"片马"是景颇语，意为"木材堆积的地方"，所以，历史沿革这个口岸是以木材交易为主，片马口岸规模不大，与对面的缅甸口岸不过咫尺之间。

从怒江州州府六库出发，途中要翻越海拔 3400 米风雪垭口，路旁还依稀可见有日本鬼子残留的碉堡。

19 世纪与 20 世纪之交，英国吞并缅甸后，先后派军队侵占我国领土片马，焚烧汉学堂，赶走教师，逐步进序列钱洞、岗房等地区。在登埂土司的带领下，山寨头人和群众奋起反抗，最终取得抗英胜利，直到 1960 年，中缅签订边界条约，片马回归祖国。在 20 世纪 40 年代的东亚战场上，日本人从英国人手中夺走了片马。为补给中缅战场上的物资需要，中美两国的航空队开辟了著名的"驼峰航线"，片马便是其中最重要也是最艰险的必经之地。

位于片马镇内的驼峰航线纪念馆是为纪念抗击日本法西斯而献出生命的中美烈士而建的。馆内陈列一架长约 22 米、高约 5 米的"二战"时期 C–53 运输机拼装复原品，还展出大量历史资料、图片和实物。

抗战期间，坠落于怒江地区的飞机有 25 架，纪念馆内展出了拼装修复的 C–53 运输机，是 1943 年 3 月 11 日由美国飞行员吉米·福克斯和中国飞行员谭宣、王国梁驾驶的中国航空公司飞机。从昆明巫家坝机场飞往印度汀江途中，因遇强气流而在片马附近坠毁，飞行员失踪。1996 年该飞机残骸在高黎贡山被发现，后搬运到片马。

片马镇背后山上的片马抗英纪念碑是为纪念 1900 年片马军民粉碎英军入侵西藏和内地的阴谋而建的。纪念碑由怒江特产的汉白玉石雕成，尖端是盾牌，底座像弓，象征着片马人民反抗外来侵略者。

"驼峰航线"

1942 年 5 月至 1945 年 8 月间，太平洋战争进入最艰难的时期，日本占领了缅甸，切断了世界反法西斯联盟的物资供应线，并想据此沿滇缅公路进入中国西南部。中美两国决心联合抗击日本法西斯，并开辟了一条国际战略空运通道，因这条航线要飞越地形复杂的横断山区，怒江州便是驼峰航线上主要飞越的地区，高山峡谷形似驼峰，这条物资补给线被命名为"驼峰航线"。这条航线的开通，为前线运送了大量战略物资和人员，为中国抗日战争和世界反法西斯战争做出了巨大贡献。

但这条世界航空史上最惨烈的"死亡战线"共有 609 架飞机坠毁，超过 3000 名中美飞行员牺牲，这些飞行员的名字被镌刻在南京的中美抗日航空纪念碑上，令后世永远铭记。

片马抗英纪念碑是为纪念 1900 年片马军民粉碎英军入侵西藏和内地的阴谋而建的

丙中洛 03

最美理由 /

这里是碧罗雪山深处，是怒江峡谷最深处，于是有了石门关的雄浑之美映入眼帘；这里还是茶马古道上最后一条仍然沿袭马帮运输的道路，成为滇藏线上唯一一条真正的马帮路；雪山、峡谷、教堂、人家，这是《消失的地平线》里所描写的"香格里拉"，而这种静美与祥和在这里同样得以呈现，藏族、傈僳族、怒族、独龙族、藏传佛教、天主教在这里并行和睦相处，真正是人神共居之所。

最美季节 / 一年四季

最美看点 / 民居石板房、天主教堂、峡谷风光、石门关

最美搜索 / 位于怒江州贡山县境内

丙中洛是怒江沿路最美的地方

怒江滔滔由北向南，流入云南贡山独龙族怒族自治县境内不远，受地势影响形成"U"形弧状的怒江第一湾。丙中洛村就躺在怒江大峡谷的臂弯里。在这里，每一秒都很阳光，节奏总是慢一点，田园生活让人舒缓。

丙中洛与西藏的察隅、云南的德钦和缅甸相邻，以捧当乡为界，与迪麻洛为邻。在一片峡谷中罕见的低海拔开阔盆地上，怒族人的梯田与石板房民居错落有致地分布其间，周围绵延着草地和树木。而天主教堂、佛教寺院和雄浑的石门关让这个至今依然宁静悠乐的村庄，既有自然的峻拔之美，又不失人文的丰富。

重丁天主教堂

重丁村远处是雪山巍峨，近处是层层梯田，有流水环绕、绿树红花的村庄家禽漫

TIPS

◎ **周边景点：普化寺**

普化寺海拔远高于江面，所以站在寺院处俯瞰石门关比在怒江边看石门关更加险要。

⊙ **交通**

六库每天有一班直达丙中洛的班车，贡山县至丙中洛约1小时就有一班车往返，票价10元/人，运行2.5小时，行程40公里，这段路是弹石路，不太好走。

步、马帮铃响，因为地处偏远，自然环境险峻，这里的生活相对滇西其他地区不是很贫困，却有着原始的淳朴与平和。丁大妈是现任重丁村天主教堂的管理者，她是当地藏族人，开办了规模较大且相对卫生的家庭旅馆，可以安排旅行者住宿和提供向导，在旅行者中有相当知名度。

普化寺

普化寺是与天主教堂同在一座山坡和睦相处的藏传佛教寺院，从重丁天主教堂徒步约需1小时，是一座藏式风格的寺院，也是远近藏传佛教信众重要的宗教活动场所。

神奇的日出日落

特殊的地理环境使丙中洛靠南边的地方有一天两次日出日落的奇妙景观，冬至上午，太阳从碧罗雪山缓缓而出，太阳在狭长的天空行走不到2小时，就匆匆地落入矗立在丙中洛西南角的贡当神山背后，时隔半个小时，太阳又一次从贡当神山背后露出歉意般的万道霞光，半个小时后才落入高黎贡山的背后，形成丙中洛一天两次日出日落的奇妙景观。

丙中洛马帮

怒江第一湾

04

最美理由 /
怒江自唐古拉山南麓一路奔流而来，因受高山之阻，到这里突然转向形成了一个优美的"U"字形弯道。站在对面的山上远远望去，这个完美的"U"形弯道挽着一片青山绿水的村庄，宁静、恬美、安详犹如世外桃源。

最美季节 / 四季
最美看点 / 坎桶村、秋那桶村
最美搜索 / 贡山县境内

怒江第一湾挽着一片青山绿水的村庄，如世外桃源

怒江发源于青海的唐古拉山，流经云南贡山县丙中洛乡突遇悬岩绝壁阻隔，江水的流向不得不由北向南改为由东向西，流出300余米后，再次被大山挡住去路，只好再次掉头由西向东急转，由此形成了一个"U"形的大弯，这就是怒江第一湾。这里不仅高山大峡满布，而且流经云南境内的河流也都不得不从东西向转变成南北向，怒江便是处于"三江并流"的腹地。

与云南境内其他的江湾不同，怒江上流这个"U"形的江湾还挽着一片村庄。从江对面的高处往下看，这里的江面宽阔、水流平缓，那片平坦的台地高出江面构成了一个三面环水的半岛平原。这片平地上有一个村庄，这就是景色宜人、田如棋盘，仿若世外桃源的坎桶村。

秋那桶村

秋那桶是怒江大峡谷北端在公路尽头的最后一个村庄，这里距离重丁村15公里。公路到这里就已经结束，再往北可以到达西藏的察隅，但只有马帮可以走的小路。

秋那桶峡谷是整个怒江大峡谷精华中的精华，由此便进入了怒江支流，沿途都是茂密的原始森林、瀑布和马帮留下来的足迹，人在峡谷中穿行仿佛置身于一幅山水画。从丙中洛到秋那桶约有 17 公里，但车只能到达石门关，剩下的路程只能徒步，约 3 小时的行程，需要翻越一道山梁，过了朝红桥的尼

TIPS

⊙ 贴士

拍摄怒江第一湾的最佳时间不要超过 14:00（冬季可能会稍微提早些）。

打担就到达秋那桶村了。只要不下雨，路还算好走，但建议请一位向导。这是徒步爱好者偏好的一条线路，这也是一条可以到达迪庆茨中的徒步线路。

怒江第一湾

迪麻洛

05

最美理由 /
建在山谷上的白汉洛教堂是怒江历史最久的教堂，而许多旅行者翻山越岭到迪麻洛，除了这里是翻越碧罗雪山到达茨中的必经之地，另一个理由就是为了来看一眼这座至今还保留着中世纪教会活动特色的教堂。

中西合璧的教堂在雪山之间，散发着宗教的祥和与圣洁之光。
最美季节 / 一年四季
最美看点 / 白汉洛教堂、教会活动
最美搜索 / 贡山县到迪麻洛约 28 公里

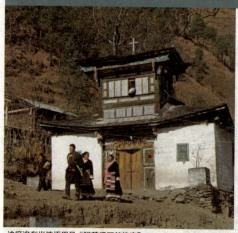
迪麻洛在当地语里是"鲜花盛开的地方"

白汉洛教堂建在迪麻洛对面的山上，苍茫的碧罗雪山映衬着它，清光绪二十四年（1898 年）由法国传教士任安守主持建造的这座教堂，距今已有 100 多年历史，是怒江州最古老的教堂。教堂是中西合璧的建筑风格，至今依然遵循着中世纪的教会活动，这在今天的欧洲都已经绝迹。清光绪三十一年（1905 年）当地民族举行反洋教起义，烧毁教堂，这便是历史上著名的"白汉洛教案"。

教堂与迪麻洛相对，但却要走 2 小时的马帮才走的山路方可到达，这个村子比迪麻洛还要小。

地图上怒江州的省级公路线到达贡山就不再继续延伸，越来越细的线条表明剩下的道路只是乡道，甚至只有人马驿道通往碧罗雪山的深处。从捧当乡过人马吊桥便转入了到达迪麻洛的狭窄道路，这是一条仅能通行一辆汽车的土路，但沿途溪流淙淙，野花奇草，峡谷两侧风光比之怒江大峡谷更为秀丽，溪流、瀑布、植被、花草随处可见，所以迪麻洛在当地语里是"鲜花盛开的地方"。这里也是翻越碧罗雪山到达迪庆茨中的起点，是当年白汉洛教堂神父开辟的一条山路，如今成为"驴友"徒步穿越的经典线路。

TIPS

📍 贴士

1. 搭车去迪麻洛必须在每天 10 : 00 前在捧当桥头等过路的货车，一般周六或周日较多，也可从贡山包车前往。

2. 迪麻洛有家阿洛客栈，在驴友中很有名，既是住宿之选，也是翻越碧罗雪山时的中转之地，向导、马帮、线路咨询都可以在这里完成。建议请向导带路，贸然前往容易迷路，山中气候多变路况复杂。

国殇墓园 06

最美理由 /
我国规模最大、保存最完整的抗战阵亡将士纪念陵园，
整个陵园仿中山陵的格局，肃穆、庄重。忠烈祠里还
有许多碑文，是发生在 1944 年那场惨烈的战争的重要
历史资料，烈士冢安葬着那些为国捐躯的将士的遗骨。

最美季节 / 一年四季
最美看点 / 宗烈祠、烈士冢
最美搜索 / 保山市腾冲县

国殇墓园

第二次世界大战太平洋战场战事正酣，日军占领了缅甸，与缅甸接壤的边地小县腾冲成了日军进入中国西南的重要入口，日军攻占腾冲后，不仅烧杀抢掠而且控制了盟军的补给线。中国组成了远征军，从腾冲越过死人谷进入印度参战，1944 年远征军发起腾冲反击战，历时 44 天的战役使腾冲城毁于一旦，几乎没有一座房屋是完整的，而远征军也为此牺牲了 3000 多人，这场战役被称为"焦土之战"，也是这场战役使得腾冲成为中国第一个收复的城市。为了让这些壮烈殉国勇士的灵魂安息，1945 年 6 月在腾冲建成了国殇园，20 世纪 80 年代整体修复。

墓园大门门匾上"国殇墓园"几个大字由墓园修建的发起者，也是腾冲一代名士李根源所书。整个建筑以大门为起点呈中轴之势，步步抬升，园内松柏森森、碧草青青、肃穆庄严。经百米甬道拾级而上，蒋中正题、李根源书的"碧血千秋"赫然醒目，高台之上便是墓园主体建筑——忠烈祠。祠内有时

周边景点

来凤山紧邻县城，"来凤晴岚"位列腾冲十二景，现全名为来凤山国家森林公园，足见此山之自然胜景而非等闲。

海拔1912米的来凤山松杉茂盛、古树参天，人行其间呼吸散发着松香味的空气，偶闻鸟鸣。除了杉树，这里还是茶花培植基地，春天是赏茶花的最佳时节。而清道光七年（1827年）所建风岭塔，又称文笔塔，与城内的文庙在一条中轴线上，塔身似笔，泮池为砚，足见文运昌盛的腾冲对于耕读并重的风气的重视与倡导。因来凤山踞卧腾冲城南，在日军占领腾冲古城时，这里也就成为俯瞰全城的战略高地，挖战壕、建堡垒，还有隧道直通城内，形成了坚固和交错纵横的防御工事。远征军和飞虎队用了三天时间，与日军进行了惨烈的战斗才攻下来凤山，赢得了收复腾冲古城的战略优势。至今，已复归平静的来凤山依然留着战争时的一些痕迹，只是硝烟已经散尽，平静和安详围绕着来凤山。

任各位要员的题词及阵亡英烈名录和相关历史资料的展示。忠烈祠后为一小团坡山丘，苍松翠柏间一座方身锥顶高塔直插云天，高塔采用腾冲特有的火山岩雕凿砌筑成面，玄色的塔身正面书有"远征军第二十集团军克复腾冲阵亡将士纪念塔"，塔基正面刻有蒋中正题、李根源书"民族英雄"4个大字，其余3面为腾冲抗战纪要铭文。

围绕高塔，小团坡四周全是烈士冢，为收复腾冲奋战了44个昼夜的攻城将士中壮烈牺牲的3346员将士的忠骨都安葬于此，烈士冢排列整齐如出征前的站队，墓碑上刻着每一位阵亡烈士的姓名、籍贯、军衔、职务等。不远处，是不久前从异国他乡寻找回来的远征军的遗骸，至此，远征军终于在故国的土地上重聚并安息。

国殇墓园

和顺乡 07

最美理由 /
想要找一个宁静安详，而且多少有点田园风光的村子并不难，但这个离腾冲县城不过几公里的村庄，除了普通意义上的乡村之外，更多了些文化的元素，"侨乡"带给它的中西合璧的民居建筑、深厚的耕读传家的底蕴、边地乡村保存下来的宗祠文化和地处热带纬度的温润气候，所有的一切都让这个村庄有了别样的情致。

最美季节 / 四季
最美看点 / 宗祠、洗衣亭、和顺小巷、和顺图书馆
最美搜索 / 保山市腾冲县

和顺古镇青山环拱、数溪萦绕、柳堤莲塘，一派钟灵毓秀的田园佳境

和顺乡古名阳温暾村，有不冷不热、气候温和之意。因境内有一条小河绕村而过，更名"河顺"，后取"士和民顺"之意，雅化为和顺。"远山茫苍苍，近水河悠扬，万家坡坨下，绝胜小苏杭"，描绘的就是和顺钟灵毓秀的田园风光。这里有传统民居1000多座，可以领略徽派建筑粉墙黛瓦的神韵、可以欣赏江南古镇小桥流水的倩影，在举手投足间总有丰厚的文化气息、娟秀的自然风光。

和顺图书馆

位于风景如画的双虹桥畔、村寨中心位置的和顺图书馆是一个中西合璧的建筑群，依地势而起的建筑拾级而上占据着村寨居高之地，由花园、珍藏楼和景山花园等组成，体现着和顺重教育人的传统价值。

图书馆的大门为清光绪年间所建，为汉景殿的牌楼式大门，门额悬和顺清代举人张砺书"和顺图书馆"匾额，蓝底白字，十分

醒目。二门是仿照苏州原东吴大学门面建造的三孔西式铁门。中门内为花园，园内花木扶疏，布局典雅。穿过花园即达馆舍主楼，建筑立面玲珑别致，门窗造型则是西式设计，建筑结构新颖，气宇轩昂。主楼后为藏书楼。

在这中西合璧的建筑群里有藏书 7 万多册，古籍、珍本 1 万多册，另外，还有不少古籍善本、珍本，尤以清代木刻版本为贵，在中国乡村文化界堪称第一。

文昌宫

与图书馆毗邻相连的是建于清代道光年间的文昌宫，坐落在和顺古镇的中轴线上，村里的其他建筑都以它为中心，向东、北、南三面展开，如众星拱月。

文昌宫由大殿、后殿、魁星阁、朱衣阁、过厅、两厢、大门及最前面的大月台组成，殿阁雄伟、雕梁画栋。

如今文昌宫被辟为腾冲神马艺术馆、魅力名镇展厅。馆内共展出了 303 块神马雕版。其中清代道光以后的雕版 145 块，民国雕版 136 块，当代雕版 22 块。从艺术上来展现神马的雕版艺术价值。

滇缅抗战博物馆

这里是当年远征军反攻腾冲指挥部的旧址，现在被辟为滇缅抗战博物馆，是我国第一个民间出资建设、民间收藏、以抗战为主题的博物馆。

和顺小巷

绕村流淌的小河上有两座石拱桥，形如双虹卧波，这里就是和顺标志性的景点——双虹桥。桥畔绿柳成荫，红莲映日，桥下群鸭戏水。

神马

在人类的早期，对于自然还缺乏认识，神马就是民间进行祈福、禳灾、祭祀等活动时，用来焚烧的各种雕版印制品的总称。这种以木版印刷或手工绘制而成的印制品，同时还是我国文化艺术范畴内的民间版画品种。至少，在腾冲人们还是保留着使用神马，也称纸马来祈福，只是对于普通民众来说，神马或者纸马又有属于当地人的名称，喜神这个名字倒更符合人们企望通过这种形式获得平安的心理需求。

腾冲神马源于中原并受阿咤力教的影响，又因地处西南极边的多民族地区，因而具有了极其鲜明的地域特点。与其他地方也有异同，即使是同一神灵，其祭祀功能也发生诸多变化，但有更多的庞杂性和随意性。

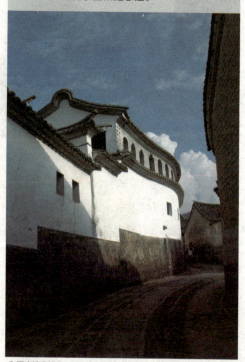

和顺古镇弯楼子

洗衣亭是和顺男人送给家中妻子最温情的礼物

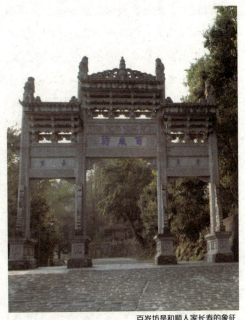

百岁坊是和顺人家长寿的象征

和顺小巷内有复建的总兵府、皮影馆、古法造纸馆、大马帮博物馆、赌石馆，是游和顺必去的景点之一。总兵府在小巷众多的老房子里，是最值得一看的。它是清末从一品大员振威将军腾越总兵张松林建在腾冲县城的老宅，2006年被原样搬至和顺，大门的式样、庭院的布局都是当年的样子。皮影馆展有清末年民国初期和解放初期制作并表演过的600多个皮影靠子，存世稀少，极为珍贵。古法造纸馆完整地保留了距今1900年的传统造纸法，加以展示和传播。大马帮博物馆则用3000件文物和近百幅老照片展示了西南丝绸古道的历史、大马帮生活场景、滇商辉煌的历史，以及和顺人"走夷方"的生活方式。

百岁坊、大月台、洗衣亭

和顺共有牌坊9座，可惜均毁于"十年动乱"。后修复了和顺顺和、文治光昌、冰清玉洁、盛嫩幽光四座牌坊。而和顺的百岁坊有3座，水碓李德贵妻百岁石牌坊、贾家坝贾李氏百岁木牌坊、东山脚许廷龙百岁木牌坊。其中，贾氏百岁木牌坊中门门楣有云南省都督蔡锷题书"民国人瑞"、水碓李氏石牌坊上有云南省主席唐继尧写的"天姥峰高"。百岁坊是和顺人家长寿的象征，也是和顺一景。

大月台是形似月牙的建筑，是和顺建筑的特色，每一个巷口，或是公共建筑，或是大户人家门口必有一个月台，有的还有照壁以"遮蔽风水"，乡亲们在上面植树、置凳使月台作为人们进行信息交流的场所。

沿着和顺的小河，每隔一段就有一座洗衣亭。在和顺这样的洗衣亭共有6座。洗衣亭可以洗衣、纳凉，也可以遥望远方，寄托相思。和顺男人亦儒亦商亦农亦走四方，为了让家中的女人在洗衣时不被风吹日晒，就建了这样的亭子（建于清道光年间）。这是远走他乡的和顺男人对自己女人最平易的回报。

八大宗祠

在和顺方圆不过百里的范围内聚居了千户人家的村庄，有寸、刘、李、尹、贾、张、钏、杨八大宗祠，是和顺八大姓祭祀祖先的祠堂。它们建筑风格各异、建造时间不一，有的还大胆地吸收了西洋建筑元素加以结合，而且保存大都相当完好，气势恢宏，古色古香，使得和顺成为了一个具有独特气质的村庄。

其中以寸、刘、李氏宗祠最有参观价值。寸氏祠堂的独特之处在于其中西合璧的建筑风格，在周围粉墙黛瓦的民居之间显得卓尔不群，却又相互融洽，宗祠中涵盖了寸氏宗族的历史、人文风貌。刘氏宗祠"前有泾池，谓之朱雀，后有丘陵，谓之玄武"。祠中的镂花木圆门更是设计精巧，工艺精湛，体现了云南木雕的艺术特色。其中收藏的书法作品也值得一观。宗祠内的和顺茶馆清幽宁静，用龙潭水、栗炭火煮制的茶品清香四溢，满口留香。李氏宗祠是和顺保存最完好的宗祠，占地约4000平方米，背枕山坡，面向来凤山，依山势而建，雄伟壮观。

艾思奇故居

位于和顺乡水碓村，建于1919年的这座砖木结构中西合璧的四合院现为艾思奇生平事迹展览馆。高屋大院，穿楼通栏，点缀着西式小品阳台。故居前临元龙幽潭，后枕凤山，地势高旷，环境优美。

寸氏宗祠在周围粉墙黛瓦的民居中显得卓尔不群

热海

最美理由 /
温泉是地球赐给人类的一份珍贵礼物，也是地壳下沸腾的岩浆献给人类的一份温暖。在中国的土地上，温泉并不少见，但能如此集中地看到多类型的温泉恐怕只有腾冲。在这里，温泉被称作热海，而丰富的类型则增加了温泉的观赏性。

最美季节 / 冬季最佳

最美看点 / 大滚锅、美女池、眼镜泉、蛤蟆嘴

最美搜索 / 腾冲县城西南 12 公里处

"大滚锅"是热海的标志性景点，也是上镜率最高的泉眼

从地质构造来看，腾冲处于印度板块和欧亚板块急剧聚合的结合点上，这一特殊构造使得这一地区的地下断层岩浆活动异常剧烈，源源不断的火山供给源是腾冲的地热奇观的基础条件，地层中心的热流向地表上升过程中，顺着地壳断裂处勃然喷发的结果就是温泉现象。

毫不夸张地说，腾冲是一座坐在火山上的城市，除开城市四周的火山外，频繁的地热活动遗留下来的温泉群也有力地证明了这一点。目前，腾冲发现有64处地热活动区，温泉群达80余处，最高水温达96.3℃，而城西郊的热海是其中热力最猛、外部显示也最为奇妙的一片区域，这片热海温泉群的面积约9平方公里。走近这里，便能感到来自地下的腾腾热气，并伴有硫黄的味道。在这多

澡堂河的河床上遍布着许多热泉泉眼

达80处的温泉泉眼中，以大滚锅、蛤蟆泉、美女池、珍珠泉、鼓鸣泉、怀胎井、仙人澡堂及澡堂河瀑布等最为有名，而"大滚锅"可以算是热海的标志性景点，也是上镜率最高的泉眼。

大滚锅

这里其实是一个直径3米多，水深1.5米，水温达97℃，昼夜翻滚沸腾，四季热气蒸腾的温泉泉眼。泉水清澈透明，富含对人体有益的多种微量元素，是游人必游之处，也是热海摄影留念的首选背景。

传说，周围村子的村民追赶一头牛，追到此处，走投无路的牛一头扎进了这口"锅"里，及时赶到村民面对的只是热气腾腾的一潭沸水。一心想把牛救起来的村民最终只捞起来了一副牛骨架。于是，给这眼温泉取名"大滚锅"。

因为泉水的温度极高，米饭、鸡蛋放置到水中，用不了多久就能加热煮熟，不仅如此，用此法煮熟的米饭和鸡蛋会有一种特殊的香味，而且久放不坏。所以，当地有句谚语：不须柴灶不须烧，天生地热好烹调。

在景点旁边有用温泉煮熟的鸡蛋出售，也可以购买生鸡蛋到不远处指点的地方亲自体验温泉水煮鸡蛋的乐趣。这里出售的鸡蛋都是用草绳穿成串卖，这就是"云南十八怪"之一的"鸡蛋用草穿着卖"。

美女池

美女池的泉水清澈见底，泉水由公园内的珍珠泉、鼓鸣泉、眼镜泉、怀胎井汇流而成，热泉从岩上流下，形成大大小小的热瀑，加

美女浴谷中亭台楼榭、小桥流水，环境极佳

上池中热泉美不胜收。

美女池不仅泉水柔滑，而且泉池的环境也如诗如画。

美女池内包括 1 个游泳池和 4 个小水塘。"温泉水汽桑拿"是这里的特色项目，不妨花点钱，体验一下自然赐予人类的这份厚礼的美好。

澡堂河

跨过一座古朴的石拱桥，走进一个苍翠欲滴、云蒸雾绕的山谷，仿佛进入了世外仙界。山谷中时而涓涓流淌、时而龙腾虎跃的河流

就是澡堂河。因为河床上遍布着许多热泉泉眼，使整条河的水温偏高，以前一年四季常有人在此沐浴，故得此名。澡堂河畔的巨石上"一泓热海"四个字出自民国元老李根源老先生的手笔。

热海澡堂河两岸布满了大大小小的泉眼，如眼镜泉、鼓鸣泉、珍珠泉、怀胎井等。

蛤蟆嘴

沿景区栈道一直往前走，远远就能看到山崖深处有一片水雾蕴绕的动态温泉，泉水的水温 95.5℃。因为泉水长期的喷涌，喷水

TIPS

◎ 贴士

热海三件事，看大滚锅、浴谷ＳＰＡ、吃"大滚锅饵丝"，完成了这三件事才算是真正地到过热海。

⑪ 美食

大滚锅食府，这里景区里唯一一家餐馆，大滚锅饵丝（38元）是这里的招牌，也有许多特色菜，但与其他景点的餐馆一样，价格也很高。在浴谷泡了温泉就附赠一张大滚锅饵丝，这里的就餐环境不错，在浴谷有电瓶车直达门口。

◎ 周边景点：黄花箐温泉

当地人说，热海温泉治皮肤病，黄花箐泉治风湿。与热海温泉不同，这里是把房子盖在地热田上，然后引山泉水自然加热，这样水里硫黄少，但微量元素保存较多。到达热海公园后从左侧的岔路再行驶2公里即到，这里的温泉澡堂没有热海的名气大，也没有那么豪华，价格也低很多，但体验却一点都不差。

口出现钙华现象，形成了状似蛤蟆嘴的泉眼，终年有沸水向澡堂河喷射，颇似两只匍匐在崖上的蛤蟆永远在那里吞云吐雾，吐出的水柱最高可达1.5米，并伴有呼呼的声响，被人称为"银箭四射的万年蛤蟆嘴"。

浴谷

浴谷依山傍水，谷中亭台楼榭、小桥流水、花木繁盛，16个露天、半露天的温泉泡池点缀其中。含多种矿物质的泡池，功能各异，特色繁多。在树荫、花丛中做一个天然的SPA，十分惬意。

地热蒸房是浴谷的最大特色，地热蒸房采用当地民间的方法，在温泉气孔上用沙子、青松毛、草席铺设蒸床，房间里弥漫着松叶的清香。在享受天然蒸房的同时又身处天然氧吧之中，是浴谷最超值的享受。

美女池泉水柔滑，环境幽雅

腾冲火山地质公园

09

最美理由／
中国规模最大的休眠期天然火山博物馆，这里有火山爆发后留下来的痕迹，仿佛地球上一些美丽的"伤痕"，有着令人震撼的美和力量。大小空山之空、柱状节理之奇、黑水河之清都是火山地质公园留给游人叹为观止之处。

最美季节／一年四季
最美看点／大空山、小空山、柱状节理、黑水河
最美搜索／保山市腾冲县马站乡

腾冲是一座建在火山上的城市

腾冲地处印度板块和欧亚板块急剧聚敛的结合线上，地下断层活动频繁，为我国最为著名的火山密集区之一。区内共有休眠期火山97座，其中火山口保存较完整的火山达23座，集中分布在和顺、马站一带。区内火山类型多样，火山堰塞湖、火山口湖、熔岩堰塞瀑布、熔岩巨泉等景观十分丰富，构成中国规模最大的休眠期天然火山博物馆。腾冲火山群形成于第三纪中新世纪至第四纪的新世纪，有的火山300多年前还在喷发，腾冲县城即坐落在来凤山火山凝固的熔岩之上。

大小空山、黑空山

黑空山、大小空山火山群自北向南呈"一"字形排列，间距均在1000米左右，是火山群国家公园的园址所在，也是从空中俯瞰大地时极具视觉冲击的一幕。

火山博物馆建在公园大门处，设计者用心良苦地希望参观者先从火山的图片和文字介绍来了解火山这一自然现象，再切身地去感受地壳运动中地热喷发后，留在大地上的这些空空大洞。

北侧的黑空山海拔2072米，相对高差

TIPS

◎ 贴士

1. 景区内火山石禁止捡拾带走，但公园门口有小贩兜售加工后的火山石。

2. 柱状节理火山公园的入口很远，只能包车前往。

3. 包车前往柱状节理和黑鱼河，在柱状节理下车后，可让司机开到黑鱼河去等。从柱状节理步行到黑鱼河约 15 分钟。一路上景致不错。

214 米；中间大空山海拔 2050 米，相对高差 250 米；南部小空山海拔 1937 米，相对高差 40 米。三座火山口保存均十分完整，其中数大空山最为壮观，主火口直径 400 米、深 50 米。大空山正对公园大门，有 600 级台阶直登山顶。3 座火山喷发口喷发面积约 30 平方公里，火山口附近有许多浮石、火山弹及火山爆发流出的熔岩流。

火山风景远看，就是无头的小青山，亲身登临火山顶端也是难得的体验。所以来腾冲旅行的人基本都会登临大空山，然后感叹一下"原来如此"。景区内还有热气球项目，乘热气球升上空中俯瞰地面更能体会大地上的这一壮观的景色。

柱状节理

距离火山地质公园 11 公里处的柱状节理是火山喷发时高达 1200℃的熔岩温度骤降至 800℃时，因熔岩内含有六棱形矿物质结晶而凝聚成的六棱形柱体。因为火山不断地喷发和堆积，一条条如扭曲的枕木般的熔岩节理在流淌中骤然凝固，一层层有序而整齐地码放在一起，是难得一见的火山地貌奇观。

黑鱼河

与柱状节理景点毗邻的黑鱼河原本只是一条普通的河，但经火山戏弄而形成的断裂岩层将平缓的河道颠簸得参差起伏，于是河水如巨大的泉水般从地下而出。黑鱼河水很清，特产一种黑色小鱼，当地人在路旁现捞现煎现卖，这里的山泉是真正的矿泉水，水质十分好。

柱状节理

北海湿地保护区　　10

最美理由 /
"青海无底，北海无边"说的是北海湿地的大，这里的北海和青海说的都是腾冲境内的两个湖泊，而北海更以湿地特有的会走的草甸和夏初的鸢尾花而著名。虽然，这里不过是一处高原湖泊，并非真的无边之阔，但其这一特点就足以吸引人们的眼球了。

最美季节 / 4 月、5 月是鸢尾花开放的时节

最美看点 / 湖水、草甸、鸢尾花

最美搜索 / 保山市腾冲县 12 公里处

北海湿地以湿地特有的能走的草甸和夏初的鸢尾花而著名

交织在一起，日复一日，年复一年，旧草根部腐烂后长出新草，然后又腐烂，在这上面又长出新的，最后形成整片整片的草甸，并且浮在水面上，厚的甚至可达 2 米。草根交织生长的草地宛如一个一个能漂在水面的小草筏，每个通常 1 米多厚，赤脚走在上面有种软绵绵的感觉。

　　这是我国重点湿地保护区之一，也是云南省唯一的国家级湿地保护区。现在因为保护区的相关规定，已经禁止划草、踩踏。但是可以乘着小船，沿着水道，穿梭在繁花似锦的湿地中，如同穿行在一张五彩斑斓的巨型地毯上，还有清香相伴。天然蓄水池、高效率的净化池、珍稀水禽的栖息繁殖地、补给河流、调节气候，湿地被称为"地球之肾"。

　　地处高原的云南并没有海，所以高原人喜欢把水域开阔的湖泊称作海，北海就是这样的湖泊。这片草海并没有什么特别之处，就是一片长着绿草地的水域。北海四面环山，也是因火山爆发后形成的堰塞湖，最为奇特的是，水面上密密麻麻地长满了草，草的根

TIPS

⊙ 贴士

　　1. 5 月是北海草海上鸢尾花开的时季，这种蓝色的花朵和其他无名的小花把北海草甸装点成一张彩色的地毯，是北海湿地最漂亮的季节。

　　2. 湖边有各种农家乐，以鲜鱼、虾为特色。

银杏村   11

初冬时节，金黄的银杏树与朴素的民居相映成景

这里的银杏（云南人称其白果）远近闻名，银杏树栽种的历史就是村庄的历史。村庄的祖先来自明朝的屯兵。他们驻扎江东，镇守关隘，并在回祖籍湖南探亲的时候，将银杏苗带回江东，让银杏在这里繁衍生息、枝繁叶茂，成就了银杏村如今"村在林中，树在家中"的美丽风景。

在秋天来临的时候，金黄色的银杏树美不胜收。高大茂盛的银杏树冠下，村庄宁静、安详、炊烟袅袅。不仅如此，农家的"白果炖鸡"，白果的软糯清香和鸡的肉香混合在一起，堪称人间美味。到这里才知道，连银杏花也是可以食用的，用银杏花炒蛋或者蒸蛋，鸡蛋会有一种白果的清香味。

于是，每年初冬时节，当金黄的银杏树上串串白果挂满枝头，与朴素的民居、火山石堆砌的矮墙、弯曲的村中小巷相映成景时，银杏村迎来了一年中最热闹的时节。人们在银杏树下聊天、嬉戏或是静思，只为不负这一片良辰美景。

TIPS

◎ **贴士**
银杏村的"赏叶季"较长，每年 10 月下旬至 12 月中旬为最佳观赏期。

瑞丽珠宝城

12

最美理由 /
云南最大的珠宝城，是云南省有名的珠宝玉石交易中心和集散地，建有全云南最大的商业珠宝城。从几元到几十元的玉雕小饰品，到成百上千元甚至几十万元的珠宝首饰都有。

最美季节 / 一年四季
最美看点 / 各种玉石饰品
最美搜索 / 德宏州瑞丽市

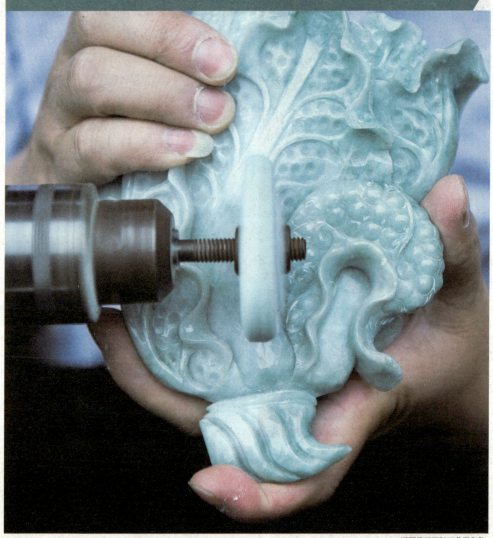

瑞丽的玉石加工非常有名

TIPS

◎ 贴士

晚上可以去姐岗路上的华丰综合市场的华丰夜市吃当地的特色美食。

一踏进珠宝城就会被流光溢彩的宝石所倾倒

瑞丽，傣语叫"勐卯"，意即"雾茫茫笼罩翠绿的地方"。世界上95%的翡翠均产于距离瑞丽不到200公里的缅甸莫谷，而瑞丽与

缅甸木姐市、南坎县山水相连，田畴交错，村寨相依，是西南最大的内陆口岸，东南亚重要的珠宝集散中心，中国四大珠宝市场之一。

一踏进珠宝城就会被这流光溢彩的世界所陶醉，也会为珠光宝气的宝石所倾倒，所以冠以"东方珠宝城"也是实至名归。珠宝基本从缅甸进口，当地多以加工和销售为主，城市里的很多地名和人名也都以珠宝玉石命名。比如，"相"在傣语中是"宝石"之意，地名"姐相乡"汉语意为"宝石街"，寨名"等相""弄相"等原是收购宝石和加工宝石的地方。人名中，男名有"相保""相钻"，女名如"相恨""相静""相亮"等都与珠宝玉石有关，当地少数民族有佩戴玉器的习惯。

历史上，瑞丽是南方丝路的重要通道之一，如今这里既是中缅两国贸易的"中转站"和"集散地"，又是中缅两国珠宝玉石贸易的唯一口岸，是我国发展陆路贸易的天然良港。瑞丽东面热带雨林中的莫里翡翠谷，据专家探明，蕴藏有硅酸盐（翡翠）和硅化石（树化石）。西部的南姑河淘宝谷则富含红宝、蓝宝等天然宝石，也已开发利用。

瑞丽店铺林立的各珠宝市场中以翡翠、玉石、红蓝宝石、尖晶石、水晶石、月光石、橄榄石、碧玺、珍珠、猫眼、琥珀、象牙、玛瑙、硅化石等为原料，以观音、佛、兽鸟虫鱼、花卉瓜果和福禄喜寿、龙凤呈祥、松鹤延年、年年有余、岁岁如意等为加工题材的各类雕件、挂件、手镯、玉佩、戒指、耳坠及饮具、烟缸、烟斗、棋子等，应有尽有，琳琅满目。

姐告边贸区

13

最美理由 /
有"天涯地角"之称的西南口岸，以玉石进口和加工为主，但地处亚热带的姐告又以傣族、景颇族和异国情调混搭而成的独特的文化风格而闻名。

最美季节 / 一年四季
最美看点 / 玉石、民族风情
最美搜索 / 位于瑞丽市 4 公里的瑞丽江东南岸

姐告市容

桥"，是云南省最长的一座公路大桥。

姐告边境贸易区是中国唯一实行"境内关外"特殊政策的边贸特区，是中缅两国边境贸易的物流中心，是云南省面向东南亚、南亚国际市场的示范区和试验区，是云南省实施国际大通道战略的桥头堡；姐告具有保税区、出口加工区、自由贸易区和边境贸易区的功能；在区内可开展一般贸易、加工贸易、转口贸易、过境贸易、边境贸易、边民互市和国际经济技术合作；区内实行特殊的贸易投资优惠政策，具有得天独厚的口岸优势，丰富的旅游资源，便捷的交通条件，良好的市政设施和优质的服务。这里属亚热带季风型气候，夏无酷暑，冬无严寒，年平均气温 20℃，年平均降水 1440 毫米。具有浓郁的亚热带风光，独特的傣族、景颇族等民族文化和迷人的异国情调。

姐告傣语意为"旧城"，相传元末明初曾在此地筑城。姐告距缅甸木姐仅 500 米，三面与木姐相连，是中国通向东南亚、南亚各国的南大门。著名的中缅一条街和缅甸遥相呼应，是玉石集散地。姐告与瑞丽有瑞丽江相隔，江上 600 米长的 2 座间隔 2 米的新、旧大桥——姐告大桥，也叫"天涯地角第一

TIPS

🔅 **贴士**
如果不是非常懂玉的话，购买玉石一定要选择有鉴定书的。

姐勒大金塔   14

最美理由 /
德宏也是小乘佛教地区，呈笋状的小乘佛教的姐勒大金塔是瑞丽最古老的佛教建筑，与缅甸曼德勒佛塔齐名。

最美季节 / 泼水节期间
最美看点 / 佛塔、小乘佛教文化
最美搜索 / 位于昆明至瑞丽的国道旁姐勒寨子，距离瑞丽市区东北 5 公里。

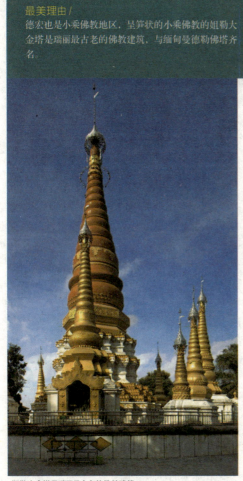

姐勒大金塔是瑞丽最古老的佛教建筑

姐勒大金塔在傣语里称作"广姆贺卯"，意思是"坝子头的塔"。佛塔建在姐勒乡姐勒寨旁的一座小山上，极目远眺，塔顶巍峨耸立直插云霄，塔身金碧辉煌，这就是据传建于 2500 年前的姐勒金塔，是瑞丽最古老的佛教建筑。

相传，很久以前，在金塔地基处，每当月明星稀之夜，其地就发出闪闪光芒，五光十色，极为奇丽。人们掘地一看，发现竟有佛祖遗留的舍利。于是众佛教徒集资在掘出遗骨的地方建造一塔，旁边建造一栋奘寺，以示祀意。自此，姐勒金塔天天香火不断，鲜花绿叶不衰。建塔之初，塔身用土坯建造，主塔高 10 余米，周围以数小塔围之。后经历代土司住持在其基础上进行不断的整修和装饰，到民国年间，10 余米主塔高高耸立，其外环列 17 座小塔，外表涂上金粉，主塔顶冠贴以金箔。塔基围有一圈石栏，四周置石雕狮像，塔周古树参天，见者无不为之赞叹。然而，1969 年，这百年石塔却毁于一旦。

1981 年起，历时数年重新修建新塔，在原塔基上重现了塔的原貌，新塔采用砖土结构，主塔较旧塔高 10 余米，外围小塔 16 座，依次渐小，主附塔顶均冠以金箔华盖，微风过处，风铃叮当。姐勒金塔修复后，每年泼水节前，佛教徒都在此举行佛事大摆。境内外佛爷、和尚、尼姑纷纷前往讲经诵佛。姐勒金塔又恢复了昔日佛教圣地的殊誉。

大等喊

15

最美理由 /
浓郁的傣家风情、干栏式的傣家竹楼、终年鸟语花香、傣式的奘寺、柚子花香都让这里有着亚热带迷人的风光和傣族文化特质，因此也具有更为独特的魅力。是瑞丽最大的美丽村子，所以也就成了众多影视作品的

拍摄地
最美季节 / 4 月柚子花开和 8 月柚子成熟为最佳
最美看点 / 傣家风情、弄奘寺
最美搜索 / 距离德宏州瑞丽 20 公里

大等喊的奘寺是一座典型的傣式建筑

　　"等喊"是傣语里"堆金子的地方"，在瑞丽有两处叫"等喊"的村子，所以以大小来区分。

　　大等喊是瑞丽城南的一个傣家村寨，除了有典型的干栏式傣家竹楼和妖娆的小卜哨这些在傣家村寨都能看到的景色外，还因村里种满了柚子树、凤尾竹、董棕而更加天成美妙。这里不仅因柚子出名，也被公认是瑞丽农村最大、最美的寨子之一。

　　在大等喊村的密林深处有一清乾隆年间修建的奘寺，传说是佛祖传经布道时在此地

住一夜的原址上修造的，这是一座典型的傣式建筑，与傣式古代宫殿相似。因《孔雀公主》《西游记》等影视剧在此取景，所以又有"孔雀王宫"之称。

TIPS

🔘 **贴士**

　　这里民风很淳朴，人也很热情，不过很多村民都不懂汉语。寨子很大，但是里面的小路四通八达，不用担心迷路。

西双版纳的热情

　　傣家竹楼、野象谷、泼水节、孔雀舞、原始森林，以及普洱茶，这些都是滇南地区的关键词，也构成了这个亚热带地区奇幻、曼妙、古老、风情的特质，以及游人关于浪漫的期待。作为云南最早开发和对外开放的旅游地区，西双版纳早已是令人耳熟能详的地名，而新一轮的普洱热再次带动了旅游的热度。

西双版纳民族风情园 01

最美理由 /
　　西双版纳是傣族世居的地区，但同时还有哈尼、基诺、布朗等民族居住，这个离市区很近的公园里集中展现着亚热带地区的植物和人文风貌，算是西双版纳之旅的前奏。

最美季节 / 一年四季
最美看点 / 植物标本、民族歌舞表演
最美搜索 / 允景洪城南

民族风情园中所展示的各民族的特色建筑是了解各个民族的窗口

　　风情园分为南园和北园。南园的前身是果木养殖园，设有热带水果、植物标本、沙滩日浴游泳 3 个游览区，种植着杧果、荔枝、柚子、杨桃、波罗蜜、椰子等热带水果 600 多亩，咖啡 50 多亩，还有速生林、棕榈、槟榔、砂仁等珍贵植物标本几十个品种。公园北侧的动物园内，饲养着大象、绿孔雀和各种热带鸟类。这一切构成了西双版纳自然景观的部分缩影。

　　北园又分为民族风情展览和民族游乐活动两部分。这里的傣、哈尼、基诺、布朗、拉祜、瑶族 6 个少数民族风情馆，每天都举行民族歌舞表演，向游客展示西双版纳各民族的习俗。和西双版纳其他民俗园一样，参与到民俗活动里是要付费的。各寨都有一座代表各民族特色的建筑，在这里可以观看民族歌舞表演，了解这些民族的风俗民情、生活习惯。进入村寨时都有一个代表本民族的标志。

TIPS

◎ 贴士
　　每逢周三、六以及节假日的夜晚，风情园会举办更多丰富多彩的民族活动。这里有整个西双版纳最专业的表演队伍，还有一支专业的"泼水"队伍，天天都有泼水节。

曼听公园

02

最美理由/
　　这座景洪历史最为悠久的公园里，集中了"傣王室文化、佛教文化、傣民俗文化"三大主题特色，是开启西双版纳风情之旅的重要一环。

最美季节/ 一年四季
最美看点/ 总佛寺、湄公河之夜晚会
最美搜索/ 景洪市郊

曼听公园笋塔群

曼听公园

　　曼听公园的前身是傣王御花园，为傣王在此游乐赏花之所，已有 1300 多年的历史，能算得上西双版纳最古老的公园。

　　曼听公园处于澜沧江与流沙河交汇处的曼听寨旁，是一个天然森林公园，公园内有干栏式佛寺、凉亭和花果园，绿树成荫、清凉宜人，既有地造天成的自然景观，又有人工培育的奇花异卉和园林建筑。因为离市区很近，现在辟为市民休闲娱乐之所。曼听还有另一个名字——春欢公园。相传，泰王妃来公园游玩时，园内的美景吸引了王妃的灵魂，因而得名"春欢"，即"灵魂之园"。

　　进入曼听公园的大门最先映入眼帘的是一座纪念周恩来总理身着傣装，左手端水钵，右手持橄榄枝参加泼水全身铜像。铜像左边是泰王国公主种下的两株象征中泰友谊的菩提树，记录的是那一个重要的历史时刻，这已经成为景区的标志性景点。此外，曼习龙笋塔、西双版纳瓦八洁总佛寺和精美的景真八角亭模拟造型以及四角亭、六角亭和傣族萨拉亭等设施是游人们了解傣族人文特色的一个重要窗口。

　　总佛寺作为一座享誉东南亚的名寺古刹，即主佛寺，处于公园的最深处，古朴的寺院、佛塔和修行的僧侣给这座以自然景色为特色的森林公园增加了浓厚的人文色彩。"澜沧江湄公河之夜"歌舞篝火晚会给公园增添了新的特色，成为新的项目。

曼阁佛寺

03

最美理由 /
　　曼阁佛寺是小乘佛教在西双版纳兴盛时期的建筑，每逢关门节、开门节、傣历新年，当地这些重要的节日，来这里赕佛（敬佛、朝圣）者络绎不绝，是小乘佛教地区一座重要的佛寺。

最美季节 / 一年四季
最美看点 / 贝叶经、镀金释迦牟尼像
最美搜索 / 景洪曼阁寨

曼阁佛寺是西双版纳的古寺之一

　　曼阁佛寺是一座典型的小乘佛教寺院，也是西双版纳的古寺之一，开山祖师是祜巴阿领。寺院始建于 1477 年，傣语为"洼曼阁"，意为中心佛寺。西双版纳傣族信仰上座部佛教即小乘佛教，凡有村寨之处就必有佛寺。过去的寺庙同时也起到学校的作用，通过诵读经文学习傣文、历史、文学等方面的知识。这也正是傣族很多八九岁的小孩当和尚、长大还俗的原因。

　　寺院掩映在傣家竹楼、菩提、杧果、槟榔之间，高大的阔叶树让小乘佛教那些金灿灿的佛寺显得隐约而又神秘。寺庙是一座无柱式重檐三坡面建筑，一入殿门就看到 16 根红漆、雕花的木柱支撑着诸葛亮帽似的寺顶。民间传说，这一建筑灵感是来自诸葛亮的帽子。左右还各有 7 根为殿宇主要支着点，中间前后各一根构成一个长方形框架，整个殿宇建筑被高高地构架起来。整个佛寺，无论梁架还是斗拱，全部用榫相接，不用一钉一铆，阳光从不同的方向投射进来。殿内的圆柱上、天花板上都绘有细致、漂亮图案和用雀替、挂落装饰，具有浓厚的傣族艺术特色。大殿的屋顶和墙壁上所绘的彩色金龙、白象、孔雀、仙女等精美图案和镶嵌在梁壁上的众多小镜子都反映了傣族的审美情趣，在四季阳光都十分充足的西双版纳，饱满的色彩、阳光照耀下熠熠生辉的金色和闪闪发光的小镜子，使得整个建筑耀眼辉煌。

　　佛殿中堂西侧 2 米高的须弥座上供奉着镀金释迦牟尼像，南侧则是专供佛爷和尚念经时所用的上座，形似一朵盛开的莲花。寺内保存的贝叶经是傣族文化的经典。

橄榄坝 04

最美理由 /
　　橄榄坝花开四季、青山绿水，傣家竹楼和佛寺掩映在椰树竹林丛中，是西双版纳傣族民居和热带风光最具代表性的地方，也是体验傣家日常起居生活的首选之地。

最美季节 / 傣历新年、泼水节
最美看点 / 集贸市场、曼春满寨、曼听寨
最美搜索 / 距离景洪约 23 公里

橄榄坝

　　橄榄坝是西双版纳传统的旅游景点，相当于西双版纳的一张名片。然而，这个地名与橄榄其实没有关系，在傣语里意为"宫廷花园寨"，所以可以想象这是一个漂亮的傣族寨子。橄榄坝包括两个比较大的寨子，一个是曼松满，也就是花园寨，另一个是曼听，也就是花果寨，另外还有一些寨子，都是沿着澜沧江边展开的。这些寨子都有一个共同的特点，都有典型的缅寺佛塔和传统的傣家竹楼建筑，而椰子树、槟榔树、杧果树、波罗蜜、绣球果等热带植物和花卉布满整个村寨，有着如此美景的普通村寨也就成了一个著名的景区，而且许多反映傣族生活或者知青生活题材的影视作品也都在这里取景。

　　每年的傣历新年，也就是泼水节期间，橄榄坝镇就更加地热闹，远近的民众从四面八方赶来在这里游览、朝拜、欢度。现在，为了配合旅游业的需要，每天下午 3 点都会有民族表演，然后在广场上举行大型的泼水活动，游客自愿参加。这里最吸引人的还有民族风情园的傣家住宿，竹楼被装饰成标准的傣家风格，甚至配有火炉让你随时烧烤，或者在橄榄坝找一家"傣家农家乐"则更能体验到地道的傣家生活。

TIPS

⊙ 贴士
　　1. 每天下午 3 点都有表演。之后广场上有大型的泼水活动，游客可参加。
　　2. 如果在橄榄坝傣族园旺季选择住宿最好提前预订。当地的农家乐洗澡多用太阳能热水器，太晚洗会没热水。

勐泐大佛寺

05

最美理由 /
　　中国最大的南传佛寺，曾经是傣王朝皇家寺院，现在已经成为傣族人心中的重要的佛寺之一，充分展示了南传佛教的历史与傣族传统文化。在原址上复建的佛寺金碧辉煌、气势恢宏，仅就建筑本身也十分值得前往一观。

最美季节 / 以开门节、关门节、傣历新年为最佳
最美看点 / 吉祥大佛、藏经阁、浴佛
最美搜索 / 允景洪旅游度假区一号公路终点

勐泐大佛寺高达 45 米的吉祥大佛

勐泐大佛寺是西双版纳最大的佛寺

教中心作为目标的大佛寺，不论是建筑规模、文化呈现和传播方式上都令人耳目一新。

每逢泼水节、关门节、开门节等当地的重要节日，当地傣族和东南亚一带的南传佛教信众聚集于此进行赕佛。

佛在云南

起源于印度的佛教共有三大分支，即北传的大乘，南传的小乘和藏传的金刚乘。早在东汉年间佛教就已传入中国，三个分支在中国都存在，而且均被完整地保留在云南。

南传佛教的线路是从中南半岛传入云南的西双版纳和德宏的。南传佛教也就是小乘佛教，又称上部座佛教。乘即是指交通工具，小乘更强调自我的完善和解脱，这也是佛陀早期的思想，较为强调个人的修行。

汉传和藏传佛教同属于大乘佛教，大乘佛教主张行菩萨道，普度众生，强调圆融、慈悲、方便，所谓的"我不入地狱谁入地狱""舍我其谁"的思想。因为北传佛教基本是以汉语佛经为主要传播方式，影响到更广的国家和地区的信众，所以又称汉传佛教。佛教传入中原后与本土文化结合，从而产生了禅宗。而藏传佛教则是佛教在藏地结合了原始的苯教而形成了多神信仰、自然崇拜的宗教形式。但不论是大乘还是小乘对于中国的文化都产生了极深刻的影响，这些影响不仅是宗教，还包括政治、经济、文化艺术等方面。

以西双版纳为起点，从云南的最南到最北，跨越了地球三级台阶的茶马古道，不仅是茶马互市、商贸往来，也完整地呈现了佛教的三大分支，在与当地文化的融合过程中，不仅有传承还有发展。

勐泐大佛寺是在"景飘佛寺"的原址上恢复重建的，"景飘佛寺"是傣族历史上一位傣王为纪念病故的王妃修建的。据说，这位王妃笃信佛法，景飘佛寺建成后傣王每逢节日都要亲临寺院，举行大型法会，纪念爱妃并同时弘扬佛法。

"景飘佛寺"始建于明代，曾是南传佛教象征十二版纳的标志性建筑之一，也是西双版纳佛教活动的重要场所，但原寺庙于佛历2883年（1848年）毁于战火。2005年在原址上重建，在大殿施工时，挖掘出大量的银币、银盒、佛教法事用品等。在信奉上座部佛教的西双版纳州佛寺遍布村寨，几乎一村一寺或二村一寺，建筑风格也各不相同。据统计，在西双版纳的傣族村寨中仍有500多座佛寺、200多座佛塔。勐泐大佛寺是所有佛寺中最大的，地位也是至高无上的，把成为南传佛

西双版纳热带植物园 06

最美理由 /
　　世界上为数不多的、荟萃中外热带、亚热带植物的宝库，其规模在国内也首屈一指。如果住在园内的招待所，清晨雾散前的园区更有一种静谧与安详，这个氛围十分贴合植物的安静之美。

最美季节 / 一年四季
最美看点 / 国树国花园、热带雨林区、水生植物园、百竹园、药香园、棕榈园、奇花异木园、荫生植物园、榕树园
最美搜索 / 西双版纳勐仑

西双版纳热带植物园荟萃了中外热带、亚热带植物

西双版纳植物园拥有国内最为齐全的植物种类

　　始建立于 1958 年坐落在罗梭江葫芦岛上的热带植物园是由著名植物学家蔡希陶领导筹建的热带植物的科学研究基地，现在已成为集科研和游览为一体的中国最大的热带植物园林。

　　植物园不仅占地面积大，而且植物种类十分繁多，12 个植物区、标本馆以及国内唯一的珍稀濒危植物种质资源库和生物实验室里展示国内最为齐全的植物种类：世界上最轻的和最重的树、跳舞草和含羞草、武侠小说中的"见血封喉"、色形味和鸡蛋相似的蛋黄果树……以及林林总总的热带瓜果。其中，国树国花园、热带雨林区、水生植物园、百果园、名人名树园、百竹园、药香园、棕榈园、奇花异木园、民族植物园、树木园、荫生植物园、榕树园所展示的植物种类可谓十分齐全，而且各有特色，是学习了解植物知识的实践课堂。即便是随便走走，这里的空气质量也是十分纯净、令人心情愉悦的。

　　充分地游览需要一整天，植物园大门口的义务导游会向游人提供线路咨询和建议，花 2～3 小时就可以走马观花地结束游览。但不得不说，每天清晨的植物园在沉睡了一夜之后，从晨雾中慢慢醒来，是大多数游人很少能看到的美。

TIPS

◎ 贴士

　　1. 买票入园后，如果在园内植物园宾馆住宿便可以自由出入了。

　　2. 勐仑镇沿江有 9 个傣寨，尤其是城子寨山头观全景很佳。罗梭江日落是一景。

　　3. 勐仑镇农贸市场旁边有夜市烧烤一条街，值得一去。

勐腊望天树 07

最美理由 /
　　我们总是用仰望的方式看那一片郁郁葱葱的热带雨林，如果换一个角度，站在二三十米的高空，看到的将是另一个画面。但这绝不是在这片雨林里你唯一的收获。

最美季节 / 一年四季
最美看点 / 空中走廊、热带雨林、南腊河
最美搜索 / 西双版纳州勐腊县勐腊镇补蚌村

勐腊热带植物园是世界上唯一保存完好、连片的、大面积热带雨林

　　这是一片总面积达 2420.2 平方公里，世界上唯一保存完好、连片的、大面积热带森林，同时也是我国高纬度、高海拔地带保存最完整的热带雨林。这里的热带雨林、南亚热带常绿阔叶林、珍稀动植物种群，以及整个森林生态都有极高的观赏价值。其中，以望天树最为独特，这也是西双版纳州特有的树种之一，仅分布在州内勐腊县的补蚌、景飘等地。因它长得挺拔笔直，高达七八十米，如利剑般直刺蓝天，有"林中巨人""林中美王子"之美誉，是国家一级保护植物，原景区也以此命名。后因某位游人在这里还原了电影《阿凡达》的场景，人们发现阿莲雅生存的环境与这里有着极高的相似度，从而景区开设了主题公园。

空中走廊

这是一条建在高达七八十米的树干之间的走廊，全长 2.5 公里，用粗大的铁索在高大的望天树之间连接建成，用钢绳悬吊，尼龙绳、网做护栏，铝合金梯子做踏板，每一段均与修在树干上的木质平台相连接。这是国内第一条空中走廊，走廊高 36 米，游人可在走廊上漫步，仿佛从空中饱览原始森林的美景，热带植物群落就在脚下呈现着千姿百态。既惊险刺激又仿佛聆听阿莲雅大森林的天籁之音。

下走廊后沿着当年英国菲利普亲王考察这片雨林时留下的足迹，沿着"菲利普小道"进入密林深处，寻找隐藏在密林中的天然游泳池，感受大自然的洗礼。

陆路观热带雨林

为了让游人更好地了解热带雨林中的植物，景区建立了中国第一个热带雨林数字化导览系统，游人能与原始森林更深入地接触。漫步林间，泉水叮咚，树上鸟儿啾啾，林层间的藤本植物、附生植物、蕨类植物，尤其是残酷的绞杀现象都一一呈现。

穿越南腊河

南腊河素有"东方亚马孙"之称，在西双版纳最美的湖面上，从水上观光热带雨林将是另一番情趣。荡舟于河面观看热带雨林，恍惚间确有置身"阿凡达"的错觉。另外，实景歌舞表演《阿莲雅传奇》等，将传奇故事融入自然山水，真正能感受到天人合一的最高生存境界。

望天树让我们总以仰望的方式流连于这片森林

基诺民俗山寨

08

最美理由 /
　　西双版纳州境内的基诺族人聚居山寨，基诺族是一个古老的云南世居民族，至今遗留有母系氏族的特征。虽居于西双版纳，但却有着十分鲜明的民族特色，到基诺山是能真正了解和深入这个民族独有的文化风俗的地区。

最美季节 / 每年 2 月 6 ~ 8 日的 "特懋克节"
最美看点 / 祭祖先玛黑、玛妞，太阳花坛、基诺族图腾柱、大公房基诺文化博物馆
最美搜索 / 景洪基诺乡巴坡村

基诺族是一个古老的云南世居民族

基诺山古名攸乐山，"基诺"在基诺语里"基"是舅父，"诺"是后代，意为舅父后代的居住地，从此可隐约窥见基诺族文化中母系氏族的遗存特征。基诺族是我国认定的56个民族中的最后一个，基诺山是他们世居的地方，也是他们的主要聚居地，山里分布着40多个村寨。在这里有基诺山的自然美景，也可以体验到基诺族的民俗风情。

在这片土地上，神秘的、充满想象的原始宗教呈现着独特的魅力，卓巴房神柱的神圣权威、大公房和长房里基诺人对生活的感悟、长廊上镌刻着的本民族狩猎传统和民间艺术、太阳花坛中的太阳花朵……

基诺山还是"六大古茶山"之首，也是西双版纳州基诺族传统文化保护区，所以是全面了解基诺文化的旅游区。景区主要游览内容：牛角字、大鼓门、牛头路、祭祖先玛黑、玛妞、奇科、布姑演奏、拴平安线、创世女神阿膜腰北塑像、太阳花坛、敬酒迎宾、基诺族图腾柱、大公房基诺文化博物馆、基诺族

基诺族有着独特的民俗、服饰

成年礼、卓巴房及卓巴文化馆、织"砍刀布"、基诺大鼓舞、打铁，及以展示西双版纳边境土著文化为主题的"土著部落"。

特懋克节

特懋克节是基诺族的新年，也是基诺族一年中最重要的节日，"特懋克"基诺语的意思就是"过年"，也可以解释为"打铁节"。剽牛、祭大鼓（神鼓）、跳大鼓舞、荡秋千、踩高跷、打陀螺等是节日期间一定会举行的活动，并且要举行一次象征性的打铁仪式。公历2月6～8日为特懋克节。

在基诺族的传说中，很早以前，有位基诺妇女怀胎9年零9个月后生下一子，这个孩子见风长，很快就长成一个手持铁锤铁钳的壮汉，并且无师自通地开始打铁。这是基诺族人为了纪念那位教会他们使用铁质工具的祖先，因此基诺族在每年腊月举行特懋克节，以纪念这个特别的日子，也纪念这位祖先。在20世纪80年代后期，特懋克节是以村寨为单位各自举行活动的，节日时间也由各寨长老"卓巴"决定。

野象谷

09

最美理由 /
　　这里是西双版纳州内唯一可以方便观赏到亚洲象的地方，还是各种热带野生动物的通道。住大树旅馆看野生亚洲象是此行不可不做的事。

最美季节 / 一年四季
最美看点 / 大树旅馆、大象表演
最美搜索 / 景洪勐养镇

西双版纳野象谷不仅可观野象，还可徒步探险

野象谷因地处河流分为三岔之处，所以又称为三岔河森林公园。景区内为了方便游人能更近距离地观看野象活动，建有游览步行道、专供游人观看野象活动的高架走廊、大树旅馆、森林酒吧等设施。但建在河边树间的观象旅馆是观察野象活动最佳地点，游人可凭借月光和夜视镜观赏野象临泉饮水、食盐等活动情况，也可拍照、录像。这里经常出没的野象大约有50群，共有300～350只，野象没有一定的作息时间，能否看到全凭运气。旅客如有耐心，可在一两天内看见野象到河边饮水、洗澡。

如果只能短时间停留，建议选择观看驯象节目，这里有我国第一所驯象表演学校，每天上午11:00～12:00，14:00～15:00有为游客专设的表演节目，不另收费，与大象合

TIPS

◎ 贴士

1. 可以给观象旅馆的服务员留下你的电话，一旦野象出现，可以及时通知你，因为野象一出现就会待一整天。

2. 既为了环保，也为了不影响亚洲象的正常生活，它们不喜强光，所以在观象旅馆需自备手电照明。

3. 野象谷内有两种游览方式：缆车、徒步，建议都尝试一下，可选择缆车单程往、徒步返回。缆车2063米，运行30分钟。

影每次收费10元。

除了观看野象外，野象谷的原始热带雨林、其他野生动物也是野象谷景区的其他看点。喜欢徒步的旅行者，可以在这里进行热带雨林徒步。不过，建议在深入热带雨林探险徒步之前最好找个向导，以免迷路。

野象谷是西双版纳唯一可观亚洲野象的地方

南糯山

10

最美理由 /
　在西双版纳分布着六座古茶的茶山，这里茶树上的茶叶经过加工就是远近闻名的普洱茶。南糯山是六大古茶山之一，所以这是一条以茶文化为主题的旅行线路。

最美季节 / 每年 3 ~ 4 月间
最美看点 / 哈尼族古老的制茶法、茶树王
最美搜索 / 景洪市与勐海县交界

南糯山是普洱茶的六大古茶山之一

　关于南糯山地名的来历有不同的说法，其中一种认为"南糯"是当地一种美食的名称，但南糯山却因茶叶而著名。作为普洱茶的六大古茶山之一，这里有千年茶王树，有万亩古茶园，甚至有诸葛亮在此植茶为行军至此的士兵解毒治病的传说。关于诸葛亮的传说，在西双版纳境内很多，虽然都只是传说，但可见这个代表了智慧的形象在傣族人中的影响很大。

　南糯山自古以来就是澜沧江下游西岸最

◎ **贴士**

　　每年8月到第二年的3月，就在此寨中，天气好时早上可见壮观的云海。每年9～10月，山上的梨子、多依、橄榄等野果成熟，此时上山可大饱口福。

　　南糯山茶的基本特征是：条索较长较紧结；一年的茶汤色金黄，明亮；汤质较饱满；苦弱回甘较快，涩味持续时间比苦长，有生津；香气不显；山野气韵较好。

著名的古茶山，优质的普洱茶重要原料产地。至于，这里什么时候开始种茶已不可考，但可以大致推断的时间也有1100多年之久。南糯山上的古茶园现存有12000多亩，位列云南古茶山之首。主要分布于半坡老寨、半坡新寨、多依寨、石头寨、石头新寨、丫口寨、向阳寨、姑娘、尔滇、西路、竹林等山寨附近，其中又以半坡老寨最为集中（有近3000亩连片古茶园）。

　　南糯山古茶园的大多数茶树树龄都在300年以上，散落在山寨旁边茂密的林间，与山中的林木交织在一起。很早以前这里都是原始森林覆盖地，交通极不便利，马帮是唯一的运输方式。马帮将茶叶驮到思茅、勐海、勐腊等地贩卖，或者运往东南亚一带。普洱虽然也产茶，但口感远不及南糯山的茶，但普洱作为一个重要的产销地，茶叶也就被冠以普洱，成为云南茶叶的一个重要品种和品牌。哈尼族是这里的主要居民，沿着山路旁的古茶园徒步、参观哈尼族古老的制茶法、瞻仰茶树王、体验哈尼族风情是各线路的主要目的。

茶王节期间可以参观哈尼族古老的制茶法

易武古镇

11

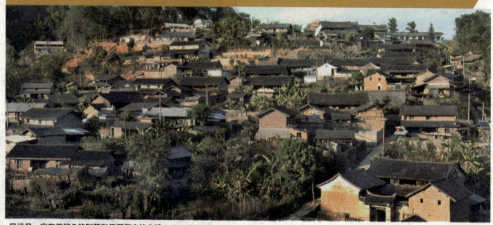

易武是一座有着悠久的制茶和售茶历史的古镇

　　位于勐腊县西北的易武是一座有着悠久的制茶和售茶历史的古镇。这里海拔在2000米左右，平均温度17.7℃左右，土壤富含各类微量元素，空气湿润，终年高山云雾笼罩，是大叶种普洱茶理想的生长地。早在清朝的雍正年间，六大茶山的"普洱茶"就被列为敬献皇室的贡品，每年清明节以前的茶叶必须完成进贡任务后才能上市交易，六大茶山之一就在易武附近。

　　清朝嘉庆和道光年间，是易武"普洱茶"最辉煌的时期，易武街上商铺、茶庄相连不断，内地茶商和马帮往来不绝。以"七子饼茶"闻名的易武仅靠本地原料已经不能满足当地

茶号的加工和销售，倚邦、革登、曼庄，甚至攸乐山这些附近的产茶地都把原料集中到易武加工。目前，易武茶山是六大古茶山中保护最好、古茶园（树）遗存最多、产量最大的。每年清明前后，前往易武的收茶车鱼贯而行，络绎不绝。

　　易武镇内建有一个型模不大的茶叶展览馆，收集了一些与茶叶和易武镇有关的文物，主要是介绍易武的茶叶历史。老城的样子也大致有所保留。有些老字号依然在出售茶叶，随便找个人家，都能讲一些关于普洱茶的故事，也都有上佳的普洱茶可以品尝。

北回归线标志园

12

最美理由 /
这里是目前世界上规模最大的北回归线纪念性建筑，是一个融天文、地理、气候、植物等科普知识和园林艺术、民族文化、观赏旅游为一体的地理标志实体和旅游观光景点。

最美季节 / 每年夏至日（6月21日或22日）
最美看点 / 太阳之路、夸父追日、北回归线之门、日晷广场
最美搜索 / 墨江县城郊

墨江被称为"太阳转身的地方"

北回归线是太阳在北半球能够直射到的离赤道最远的位置，是一条大约在北纬23.5°的纬线。每年夏至日，太阳直射点在北半球的纬度达到最大，此时正是北半球的盛夏，此后太阳直射点逐渐南移，并始终在北纬23.5°附近和南纬23.5°附近的两个纬度圈之间周而复始地循环移动，地球赤道两侧同纬度线以赤道为中心相互平行并且对称。

在地球北回归线地区是一条绵延的沙漠，但在这一荒芜干旱的地带上却奇迹般地存在

几片绿色，云南的西双版纳州就是北回归线上的"绿洲"之一，这是因为横断山、哀牢山、无量山等高大山脉的阻挡形成了一个特殊地形，与此同时，北回归线还穿过云南的普洱市和红河州。

北回归线从墨江县城中心穿过，被称为"太阳转身的地方"，当地在这里建起了北回归线标志园。园区以公元2038年北回归线的位置（北纬23°26'）为主轴线，截北回归线上500米地段为范围，园中建有"太阳之路""夸父追日""北回归线之门""日晷广场""春夏秋冬"等建筑。把北回归线作为轴心，将北回归线经过的国家和地区的建筑风格、民风民俗、自然景观环形地建于四周，浓缩于四周的景观充分地表现了北回归线所经地区的自然、人文地理的特征，并通过技术手段精确地展示北回归线的地理位置及变化。每年夏至均可在此"捕捉"到北回归线的身影，让参观者有一种站在北回归线某一高点俯瞰的视点。

每年夏至日（6月21日或22日）有那么一瞬间，太阳将垂直照射在此线上，蔚为大观。

阿佤山云海

13

最美理由 /
　　在这里一年四季都能欣赏到高原云海风光，作为背景的佤族风情，佤山龙竹、梯田、青松、芭蕉树和竹楼村寨相互映衬，构成一幅完美的田园风景画。

最美季节 / 冬季至春季
最美看点 / 云海、佛光、木鼓节
最美搜索 / 西盟县勐坎

云海是佤族世居的阿瓦山最独特的自然景观

佤族是西南地区最古老的居民之一，有语言无文字，以刻木结绳来记事。木鼓节是佤族最重要的节日之一，节日当天文身男子敲打空心的木鼓，佤族妇女则拿着长长的烟杆跳舞，内容主要为祈祷丰收。活动的高潮是剽牛——用长矛宰杀 3 头水牛。

　　阿佤山是佤族世居之地，云海是阿佤山最独特的自然景观。这里一年四季都可以观赏到宛若仙境的云海，尤其秋、冬两季最为

壮观。而且每天随着时辰和气温的变化云海会呈现不同的状态。日出前，静如一泓清澈的湖水，太阳升起时，云海也随之起伏涌动，似轻风舞裙；太阳升高后，翻腾的云海又如万马奔腾，时至中午便腾空而起化为云絮，飘浮过山腰、山顶，在高空与白云浑然一体。而红日东升时呈现的七彩霞光则是十分罕见的佛光现象。

　　勐坎的阿佤山云海则另有一番景致，时而乳白色的云雾像是给山峦村寨笼着一层轻纱，时而又似波涛翻滚的海浪拍打着堤岸，又或是垂帘的瀑布直泻江河玉潭。当云开雾散之后，阿佤山龙竹、梯田、青松、芭蕉树和竹楼村寨则是巍峨的群山之中，一抹清丽的水彩。

TIPS

◎ **贴士**
　　1. 阿佤山云海自午夜形成一直到次日 11 时以后渐渐消散。
　　2. 佤族人自家酿制的水酒，呈乳白色，清香沁人，甘甜爽口。佤人有"无酒不成礼"的习俗，一年四季喜好饮用水酒。但佤族人喝酒之前先吃饭，填饱肚子再敬酒。

娜允古城

14

娜允是我国现存最完好的傣族古城

TIPS

◎ **贴士**

每年5月初有"神鱼节"，届时有小乘佛教和尚念诵经文，儿童吟唱赞美神鱼的诗歌，放生，万人捕鱼。

已有700年建城史的娜允，是我国现今保存最好、规模最大的一个傣族古城，也是傣族四大支系的文化交会点，有着"三城两寨"的传统建筑格局。

"娜允"在傣语里是"内城"的意思，由上中下城和芒方岗、芒方冒组成，就是所谓的"三城两寨"。在土司时代，上城是土司及家奴居住的地方，中城是官员和家属的居住地，下城则是下级官员的住处，芒方岗和芒方冒是林业官和猎户居住的寨子。从古代至近代，孟连历代28任土司，统治达660年。随着土司统治的延续，娜允古城也得到逐步的完善和扩大，成为宣抚司统治区（孟连、澜沧、西盟等）方圆数百里的政治、经济、文化、宗教中心。

因为历代傣族土司衙门——孟连宣抚司署就设在这里，至今保留着傣族古城的特色和风韵，蕴含着丰富多彩的傣族土司文化，以及宗教建筑，饮食、服饰、节日、音乐、舞蹈、民俗等文化。娜允古镇在东南亚一带也有着广泛的知名度和重要的位置。建在上城最高处的宣抚司署是我国唯一一座傣汉风格合璧的建筑，宣抚司署的附近还建有气势恢宏的上、中城佛寺。

宣抚司署占地1万多平方米，是云南清代土司的衙署，也是云南18座土司衙门中保存最完好的一座。整座建筑全为串木结构，有正厅、议事厅、厢房、门堂和附属建筑物，如仓库、兵器库、营房等，署内珍藏有清朝皇帝御赐的四品官服、印章、仪仗等文物。这幢古宅不仅建筑工艺精湛，而且在南传上座部佛教中有着特殊的地位。据说，东南亚有的信徒来到宣抚司署后，都要带走印有宣抚司署大门的门票，拿回家供奉在神龛上。

翁丁佤族村落

15

最美理由 /
　　原始佤族民居建筑风格和原始佤族风土人情，是迄今为止保存最为完好的原始群居村落，村寨、茶山、梯田、白云构成了农耕社会风景图，有"中国最后一个部落"之称。

最美季节 / 5 月
最美看点 / 牛头桩、寨门、沙拉房、木鼓房、"摸你黑"狂欢节
最美搜索 / 距沧源县城约 40 公里

沧源佤族部落

　　佤族在古语当中的意思为"住在山上的人"，由于地处偏远，佤族解放前一直处于原始社会的刀耕火种阶段，至今还留有很多原始社会的印记，以翁丁古寨最为突出。这里有原始佤族民居建筑风格和原始佤族风土人情，是迄今为止保存最为完好的原始群居村落。有人评价翁丁寨里寨外的一切事物都是佤族历史文化的自然博物馆，如同阿佤山的缩影一般，寨中的牛头、牛头桩、寨门、沙拉房、木鼓房、寨桩、民居、樯林等，每一处建筑、每一个景象都是历史，都在倾诉佤族人民的故事。

　　沧源因地处澜沧江源头而得名，因为佤族传说祖先是从葫芦里诞生的，所以，沧源又被称为"葫芦王地"，也就是佤族的诞生之地。

　　从沧源西行数十公里，山峦环抱，翠荫四绕，白雾依稀，翁丁古寨跃然眼前。抬望眼，茅屋丛立、小径通幽、竹楼静耸，在千百年的岁月流逝中，翁丁古寨始终在蓝天、白云、高山、溪流之间诉说着司岗里的传说。

TIPS

◎ **贴士**

1. 在翁丁村吃住比较方便，基本上农户家里都能提供食宿，而且价格公道。

2. 每年的 5 月 1~4 日之间举行"摸你黑"狂欢节。

沧源崖画谷 16

最美理由 / 这一处以崖画为主题，集中展示佤族民俗文化，集民族文化、民族风情和自然景观、人文景观为一体的综合性风景旅游区。

最美季节 / 一年四季
最美看点 / 千米国画长廊景区、崖画景区
最美搜索 / 临沧市沧源县

沧源是佤族的诞生之地

沧源崖画谷风景旅游区全长达 78 公里，分为藏龙谷景区、千米国画长廊景区、崖画景区、勐董口岸景区、永和国门景区。

千米国画长廊

位于景区中段，壁画约有 3 公里长，峭壁高 80 ～ 180 米，最高达 280 米，壁画陡立成崖，崖面有的形成崖厦，有的参差不齐，

蜂窝状溶孔密布，有的如刀削斧劈平整光滑，有的像一台台的梯田，崖面由于杂质浸染及附生攀缘植物的点缀变得色彩斑斓，如同一幅巨型壁画，描绘了古老大地的沧桑。千米国画长廊是大自然赋予我们的一幅天然画卷，没有人工雕凿、没有人为塑造，完完整整展示着大自然那原汁原味的杰作。但当地人不

相信这些独特的景观完全是大自然形成的，因此千米国画长廊伴随着传说——这些图案是由小龙王子留下的。

为了让游人能更好地观赏壁画、发现更多的象形景观，这里将建一座 3 公里长、2 米高的空中栈道桥。

沧源崖画

沧源崖画是 3000 多年前佤族先民给我们留下的一幅生动的历史画卷，是我国目前发现的最古老的崖画，是"中国八大崖画"之一。用动物血掺杂入矿物质在坚硬的崖壁上留下的符号和狩猎、采集的画面，有学者认为是部族的路标，也有人认为是氏族的活动记录。有一点是共同的，这些是人类美术史上最早的绘画作品，在美术史上有着十分重要的价值。

沧源崖画已发现崖画地点 11 处，分布于沧源县的勐来乡、丁来乡、满坎乡、和平乡和耿马县的芒光乡等地。崖画一般绘制在垂直的石灰岩崖面上，画面距地面高 2～10 米左右，隐没于绿色的植物之间，在阳光照射下发出红色的光芒。这些在灰色的石灰岩石壁上的赭红色画图，以人物、动物、房屋、道路、山洞、树木、太阳、舟船、手印等为主要形象，反映了狩猎、采集、舞蹈、战争场面，笔力苍劲、线条粗犷、构图简洁明快是这些崖画的特点。据测定，崖画产生于三千多年前的新石器时代晚期。沧源崖画会随日照时间、天气阴晴、干湿冷暖等因素不断地变幻色彩，当地人说它是"一日三变，早红午淡，晚变紫"。

沧源崖画是我国目前发现的最古老的崖画

淳朴滇东南

　　元阳梯田申遗成功再次将这一美景置于镁光灯下，而在此之前，元阳梯田已经是摄影发烧友镜头下最热门的摄影题材。其实，在这片红河流经的区域有着众多的可以入镜也可以让人玩味颇久的自然、人文景观。比如，建水古城里的孔庙、蒙自南湖边的西南联大遗址、庐西阿庐古洞、文山坝美，需要的只是你有足够多的耐心和时间，去发现和感受。

建水古城

01

建水文庙祭孔音乐表演

朝阳楼是建水最古老的建筑，最瞩目的风景

初到建水，猛然地面对城中的朝阳楼会有种意外的惊喜和疑惑，偏于西南的边地如何会有一座这样的古城门。于是，印象中那些边地的异于中原文化的民族元素竟然无处可寻，仿佛是置身于中原的某座古城。

建水古城在元代始建庙学，明初建临安府学，万历年间又建建水州儒学，清代先后建立了四个书院，至今考棚仍在，是一座真正的文化古城，已有1170多年的历史。至今古城里还遗存着许多古老的建筑，保存较完好的有50多座，有着丰厚的文化积淀，儒学经院、宗教寺院遍及城乡。东门朝阳楼始建至今近600年，虽历经多次战乱和地震仍旧巍然屹立，是整个建水城最老的建筑，也是这个老城里最瞩目的风景。

古城有着高原特有的悠闲节奏，所以找个晴好的天气，漫无目地在古老的青石板路、幽长的小巷、青砖四合大院间漫步，细细品味内雅外秀的庭院，老宅上的雕梁画栋门窗、檐梁上的诗词楹联、书法雕刻才是此行最有意味的部分。

古井

"先挖井，再盖房"是建水的一条古训，所以也给这座古城留下了很多古井，数目众多、造型独特，大都有上百年的历史，水从来没有干涸过。穿街过巷时稍一留意都能看到两眼井、四眼井等。城西门外的"小节井"的水质最为甘洌；城东南纸房巷的"玉洁井"则是造纸的琼浆；城南的"月牙井"有着半月形的井口；"东门井"的水最适于泡茶饮用；喜食豆腐的滇东南，自然是因为有适宜制作豆腐的水源，"西门井"附近聚集了很多豆腐

贴士

1. 朝阳楼每天 21：00 左右有当地免费的小调表演。

2. 朱家花园现在有对外开放的宾馆，分别为梅馆、兰庭、竹园、菊苑四个院落。古典风格的装饰风格别有情趣，标准间 220 元 / 间。宾馆的客人不用另外购买门票。

3. 据说，摸过文庙里《孔圣贤咏图》浮雕上的孔子脑门可以如孔子般聪明，所以浮雕上的孔子脑门光可鉴人了。

坊，当然是因为"西门井"水做出的豆腐味道特别鲜美。了然了这些"秘籍"才真正懂得这数目众多的水井的秘密，远非只是造型的异同。

朝阳楼

一进建水城，最为醒目的一定是朝阳楼，在一众新建筑中，朝阳楼依然不失庄严和威武之气。朝阳楼始建于唐元和年间，当时云南正处于南诏政权统治时期，此处所筑仅为土城，至明洪武二十年（1387 年）设临安卫，在土城的基础上扩建成一座砖城。直到明洪武二十二年（1389 年）才修建了朝阳楼，成为当时建水城的东城门楼。

清顺治初年，南门、西门、北门的城楼均毁于战火，且屡修屡毁，如今那三座城楼早已从城市消失。唯有东门朝阳楼，历经战乱和地震却屹立如初，成为滇南重镇——建水的标志。

朱家花园

朱家花园原为清末乡绅朱渭卿兄弟建造的家宅和宗祠，"纵四横三"的主体建筑布局令花园有着"大观园"般的丰富和变化无穷，同时又有着建水传统民居典型的"三间六耳三间厅，一大天井附四小天井"建筑风格。房舍格局井然有序、院落层出迭进，大小天井 42 个，房屋 214 间。朱家花园始建于清光绪末年，历经朱家几代人的精心营造，是滇南私家园林中的佼佼者，拥有"滇南大观园"之称，是建水保存最为完好的古民居之一，见证了建水老房子的百年历史，也是游客建水必游景点。

文庙

建水文庙完全依曲阜孔庙的风格规制建造，采用南北中轴线对称的宫殿式，东西两侧对称布置多个单体建筑，被认为是全国第二大孔庙，也是孔庙中保存得较为完好的。

建水的大成殿以正殿大门著名，因为正门的 22 扇屏门上雕刻有近百幅飞禽走兽的图案，其精致和传神的工艺令人过目难忘，其中排列于殿内孔子圣像前的"六龙捧圣"，为明间六扇各雕云龙一条，象征由孔子创建的儒学在古代意识形态领域内至高无上的地位。次间、梢间每扇为一中国民间传统吉祥图案，如"双狮分水""喜鹊闹梅""三阳开泰""旭日东升""竹报平安""禄禄有福""一路连科"等，其充分体现了古代木雕艺人的高超，是木雕艺术的珍品。

另外，大殿中悬挂的清代帝王赞孔尊孔的"御题"贴金匾额八块；至崇圣祠殿前有石栏板望柱（栏板 24 块，望柱 26 棵），石栏板上刻有西湖 24 景名胜图，大殿西碑亭中立有用两块巨石和满、汉两种文字书写雕刻而

朱家花园是滇南私家花园中的佼佼者

成的满汉碑，都值得悉心观赏。

指林寺

"先有指林寺，后有临安城（建水旧称）"，可见指林寺历史之久，它也是滇南最早的禅宗寺院。这座始建于元的古寺以保存完好的正殿闻名于世，经古建专家论证，这座建筑为元代古老的林构架建筑，在全国都属罕见。殿内的两幅佛教工笔白描壁画为明代永乐年间的作品，一为释迦牟尼佛讲经图，另一为孔雀明王法会图。另有明景泰三年重修碑记，讲述建寺的历史。

三层的准提高阁是欣赏古城的好地方，登高远眺，一览全城。

朝武庙

位于县城西门外的朝武庙是一座并不起眼的小庙，庙虽小却藏有清代绘制的《三国演义》连环壁画 10 余幅，十分珍贵。对于当地民众来说，这里还是求财必灵的庙宇，于是每逢农历大年初二这里的香火最盛。

TIPS

🍴 **美食**

烧豆腐和过桥米线是当地的特色，烧豆腐可选择干、湿两种作料蘸着吃。如果在插秧前到这里，还可以吃到建水的特产草芽，特别鲜甜。

建水古城旅游线路

建水旅游一般分 3 条线路：

古镇游：朝阳楼—朱家花园—文庙—古井—豆腐作坊；

周边游：文笔塔—双龙桥—团山民居—朝阳楼—朱家花园—文庙—燕子洞；

民俗游：土司衙门（彝族村寨）—黄草哈尼族村寨—团山民居。

建水文庙牌坊

燕子洞

02

最美理由 /
　　亚洲最大、最壮观的溶洞之一，以自然林地、旱洞、水洞三部分组成。但最为添彩的是每年一度的悬匾大典和燕窝节，这两个节日都与燕子有关，让这个洞穴景观有了更为生活的一面。

最美季节 / 3 月 21 日悬匾大典、农历八月八日的 "燕窝节"
最美看点 / 溶洞、采燕窝
最美搜索 / 建水以东泸江河谷中

　　每年春夏，燕子洞内外的岩壁上栖息着成千上万的岩燕，群燕出没其间，蔚为大观，燕子洞由此而得名。燕子洞离泸江河面 50 余米高的洞口悬垂的钟乳石上，挂有上千块匾额，形成燕子洞又一独特奇观。

　　景区分为洞外自然林地、旱洞、水洞三大部分。在每年 3 月 21 日一年一度的"迎春燕"悬匾大典上，可以看到当地攀岩高手如猿猴般攀到 50 米高的钟乳石间挂匾的惊险绝技。水洞内有许多摩崖石刻，筑有凌空栈道和悬崖走廊供游人游玩。还有就是每年农历八月八日的 "燕窝节"。每当此时，作为候鸟的燕子就会从北方飞回来并做窝，那时有很多的燕子在洞口飞来飞去，并发出巨大的声音。采燕窝的人就在毫无保险措施的情况下飞檐走壁采摘燕窝，各地能手壁虎般攀越穿行于 50 米高，450 米长的洞顶，每一秒钟都有坠下粉身碎骨之险，场面惊心动魄。但能手们腾挪自如，数小时后便满载燕窝而归。

建水燕子洞最吸引人的是每年一度的悬匾大典和燕窝节

团山村

03

最美理由/
团山村是一座保存完整的古村落，至今还能看到清末滇南乡村风貌。大树下懒洋洋晒着太阳、吸着水烟筒的老人，背着稻草擦肩而过的农妇，村前空地石台上闲坐聊天的村民构成了这里闲适的气氛。

最美季节/ 一年四季

最美看点/ 张家花园、皇恩府、寨门

最美搜索/ 建水城西团山

团山村民居的别致都在种种细节中暗藏

团山离县城约 10 公里，是一个河水和铁路环绕的村庄，因为村里有许多保存较好，也较为完整的乡间庄园式的居民建筑群而成为一个受游人喜爱的村庄。

团山村的原住民是彝族，明洪武年间，因江西商人到滇南经商并在此安家，在江西商人张氏的带动下，最终在团山这个地方构建起了一个与世无争的村庄。团山村现保存完好的汉族传统民居和古建筑有 21 座，汉氏以四合院为主，另外还有彝族民居和汉彝结合的民居样式，团山村民居的外表看上去不动声色，其别致之外都在建筑的种种细节，虽然游人明显比过去增多，但团山居民依然过着自给自足的生活，淡定而从容写在他们的表情上，也表现在他们的日常生活中。

与其他的村里不同之处在于它原是一个

完整的城池，如今依然有东、南、北三座寨门。大青石板铺就的道路通往村子里的四面八方，所有建筑都坐西朝东，屋面为青瓦，白灰粉饰外墙，青砖做墙裙，每座房屋都以天井为核心。张家花园、皇恩府、司马第、秀才府、东南西三个寨门、大成古寺、上庙下庙、张家宗祠都是团山村的精华所在。在几个大宅子中，张家花园、皇恩府最具代表性。

张家花园

张家花园是村里规模最大的宅院，建于清光绪年间，由一组一进院、一组二进院和花园祠堂组成，华美古朴与建水朱家大院媲美。现在，张家花园里住着村子不同姓氏的居民，但进到庭院依然能感到老宅的雍容华贵之气。张家花园里那些金漆还没有脱落的木雕门窗，其精美程度不输朱家花园。

大门左边的祠堂是张家花园最精美的部分，雕刻精美、流光溢彩。

皇恩府

始建于光绪末年的皇恩府为二进院落，诗书字画与木石雕刻是府宅最为值得注意的部分，因为它们让这座故宅显得格外精致。据说，房屋的修建者幼年丧父，由母朱氏独自将其抚养成人，光绪皇帝特准建立"节孝坊"并赐"皇恩旌表"匾悬，于是院落起名"皇恩府"。

现院子由张氏兄弟分为前后两家各自居住，后院作为对外接待的客栈。如对团山的历史感兴趣可向主人张立永请教，他被称为"团山活字典"。

张氏宗祠

"张姓始祖，发籍江西鄱阳许义寨，先

TIPS

贴士
村里的知雯圜、皇恩府、司马第都能接待住宿。

建水团山古村至今仍能看到清末滇南乡村的风貌

辈正宗；氏族兴旺，迁移云南建水团山村，后氏立祠"，横批"百忍家风"，这副悬挂于张氏宗祠正堂的门框上的对联，把团山张氏的历史一语道破，也呼应了宗祠祭祖的主要功能。张氏宗祠就坐落在村中央的"四方街"小广场旁，门前的那棵枝繁根深的大榕树更说明了始建于清乾隆的悠久历史。

元阳梯田、观音山云海　　　04

最美理由 /
　　这是全国最大面积的梯田，非常壮观，尤其是冬季蓄满水的时节和春季插秧前后的梯田，云雾和水田的波光更加生动，以这里为题材的照片在各种比赛中不断得奖，更让摄影发烧友蜂拥而至。2013 年入选世界遗产名录，成为中国又一个入选此名录的景点。

最美季节 / 每年 10 月至次年 3 月间，以春节前后最佳。

最美看点 / 龙树坝和多依树、老虎嘴

最美搜索 / 元阳县胜村乡

梯田是人类在艰苦环境中生活智慧的表现

　　梯田是人类在艰苦环境中生活智慧的表现，处于哀牢山深处的元阳全境都是崇山峻岭，正所谓：开门见山。世居的哈尼族人在面对这样的生存条件时，充分地利用了所有可能利用的平地，于是造就了令后人叹为观止的梯田，这些在山坡上开垦的梯田坡度在 15° ～ 75°，梯田最高级数达 3000 级。世界上，这样的梯田并非元阳独有，但以规模和困难程度，包括其展现出来的美感都是中外梯田景观中罕见的。

　　元阳—红河—玉溪—元江一路上都是层层叠叠的元阳哈尼梯田，以三大景区为最：坝达景区、老虎嘴景区、多依树景区。坝达景区包括箐口、全福庄、麻栗寨、主鲁等梯田，老虎嘴景区包括勐品、硐浦、阿勐控、保山寨等，多依树景区包括多依树、爱春、大瓦

遮等，以多依树景区的面积最大。元阳梯田四季所呈现的景致各有不同，夏天是层层叠叠的绿，冬天的梯田因为注满水而像层层叠叠的玻璃亮片，弯曲的线条让这些闪亮的梯田更富于变化。镜头中最为精彩的元阳梯田大多是春季时分，当春天来临，万物复苏时也是播种的时节，这时的梯田在阳光下波光粼粼，晨雾未散时又在山间层层叠叠的梯田散下了一层薄纱，壮丽的景观又多了一层曼妙轻柔的美。

冬季元阳云海出现概率极高，如果这时住在元阳寨子，早晨推开窗户眼前就是一幅完美的水墨山水图。

龙树坝和多依树的日出可算是元阳梯田中非常精彩的部分，梯田线条曲美，加上似有似无的雾，当第一缕光线射下来的时候，梯田的水面开始闪光，与附近的哈尼寨子相互映衬。老虎嘴更有航拍的感觉。从老虎嘴观景台看下去，三面都是梯田，气势雄伟。另外，老勐星期天有赶集，傣、苗、哈尼、彝、瑶等民族风情浓厚，特别衣饰上色彩斑斓，建议提早前去，看赶集的同时可抽时间逛逛周边的寨子。

这里是全国最大面积的梯田

泸西阿庐古洞 05

最美理由 /
　　一个规模宏大的溶洞群，为结构奇特的典型喀斯特地貌溶洞群，有"滇中第一洞"之称，"地下园林宫殿"之誉。是云南三十七蛮部之———"阿庐部落"的穴居点，是亚洲最壮观，最秀丽的天然奇观。

最美季节 / 一年四季
最美看点 / 泸源洞、玉柱洞、碧玉洞、玉笋河
最美搜索 / 泸西县城西

阿庐古洞有"滇中第一洞"之美誉

阿庐古洞已开发开放了三个旱洞和一个水洞组成的全长 3000 余米的游程，有数百个景点，上下三层贯通，泸源洞、玉柱洞、碧玉洞造型风格各异，峡谷、厅堂、宫殿相融其间，一步一景，引人入胜。洞中钟乳石悬积，石笋林立；色若碧玉、瑰丽透明、沿河交融、发育丰富，"洞中有洞、洞中有河、洞中有天、洞外有泉"，"天然有石洞，造化夺神工"堪为世界一绝，使其具有"古、朴、奇、绝"等令人叫绝之风格。特别是全长 800 余米的玉笋河，河面水平如镜，清澈见底，珍稀鱼种"透明鱼"，是典型的溶洞内动物，从外表可清晰地看到里面的骨骼内脏。

泸源洞

这是一个厅堂式洞体，全长 700 余米，由 10 余个大小不同、形态各异的厅堂组成，中间有狭道相连，洞穴呈网络状发展，拐弯伸展如地下迷宫。

玉柱洞

与泸源洞相邻，洞口钟乳石垂挂如帘，形状别致。全长 800 余米，为宫殿式溶洞，由 10 余个规模不同，形态各异的厅堂组成，最大奇堂长 70 余米，宽 30 余米，规模宏大。

玉笋河

玉笋河为一条地下暗河，在洞中游览只能乘 6 人小舟前行，没有陆地可供行走。

碧山洞

此处是一个峡谷式深洞，因洞里的钟乳石色泽如碧玉，而得名碧玉洞。洞中玲珑剔透的卷曲石、阿庐玉、石盾（20 余平方米）、石编钟为阿庐古洞珍品。

阿庐古洞内一步一景

蒙自南湖 06

最美理由 /
　　一个孕育了"过桥米线"传说的湖，一个荡漾过西南联大学子读书声的湖，如今依然美丽宁静，依然是这座城市最美的一道风景。湖畔的西南联大校址遗址是一个黄色的法式建筑群，与南湖相互映衬，是这

座城市最有特色的所在。
最美季节 / 一年四季
最美看点 / 瀛洲亭、菘岛、西南联大校址
最美搜索 / 红河州蒙自南门外

南湖风景如画，是蒙自最美的景致

　　南湖，原名草海，因位于蒙自县城南，故称"南湖"。于明朝时知府率民众清湖中淤泥杂草而垒成 3 座小山，分别命作蓬莱、瀛洲、方丈三仙山，并从县城引来酒泉灌入湖中，形成大小两个湖泊，而成今天的南湖公园。湖畔的瀛洲亭雕梁画栋，金碧辉煌，云南著名的过桥米线传说就起源于此。

　　南湖也叫作"学海""泮池"，这大概与南湖常有学人聚此交流、吟诗赋词有关。西景区地带较为宽阔，有闻一多纪念碑，桂堤、菊圃、荷塘、水榭、雕塑、四岛、六桥、六亭及揽胜楼等建筑和景点。湖中心菘岛上的花木，枝繁叶茂，其栽培历史已有 400 多年。在菘岛古坊门厅侧，建有闻一多纪念碑和纪念亭。矗立于

周边景点：碧色寨

1903 年签订的《中法会订滇越铁路章程》使法国攫取了滇越铁路的修筑权和通车管理权，同时设立特等站，因为这里靠近蒙自海关和个旧锡矿，而且与个碧石铁路在此相交。滇越铁路 1903 年动工修建，铁路穿越了云南的高山河谷，渗透了众多中国劳工的血汗。碧色寨是滇越铁路与个碧石铁路相交的枢纽，由于滇越铁路与个碧石铁路轨距不同，所以碧色寨建有两个车站，相距不到 200 米。来往的乘客和货物都要在这 200 米内换车和换装。火车从这里北上可以到达昆明，南下可以直达越南。

1915 年 12 月 19 日 8 时，蔡锷历尽艰险从日本辗转香港，又从滇越铁路跨过中越大桥，进入云南境内。12 月 20 日，蒙自道尹周沆和县知事奉袁世凯密令，在碧色寨、暗杀蔡锷。未遂。

碧色寨是中国近代史上最早的火车站之一。这座由法国人修建的车站，保留着当年的法式车站和一个小酒馆，甚至站台上当年的钟表上的"paris"都能清楚地看见。如今繁华过尽，只剩下弃用的铁轨、候车站、定格的时钟在记录那些远去的时代和历史。

碧水之上的揽胜楼画桥烟柳连接四岛，犹如蓬莱仙境，高悬楼上的牌匾上红底金书"揽胜楼"三字，出自书法名家杨修品之手。拾级登楼远眺，青山碧水、田园农舍尽收眼底。南湖风光为历代名士歌咏不绝。

抗日战争时期，国立西南联大文法学院迁至蒙自，以南湖南岸的海关大院为校舍，一时间，文人荟萃，纷纷吟诗歌咏南湖。名扬中外的史学大师陈寅恪先生因湖即兴赋诗南湖："景物长疑似旧京，荷花海子亿升平。桥边鬓影犹明灭，楼上歌声杂醉醒。南渡自应思往事，北归端恐待来生。黄河难塞黄金尽，日暮关山几万程。"

碧色寨是中国近代史上最早的火车站之一

普者黑 07

最美理由 /
是一个由溶洞、湖泊、峡谷、瀑布组成的大型风景区，又是一个多民族聚居区。自然的美景、多姿的风情和纯净空气、饮用水、美味的当地特产，这里是令都市人向往的心灵净土。

最美季节 / 5 月
最美看点 / 万亩荷花、仙人洞彝族文化生态村
最美搜索 / 文山丘北普者黑

普者黑如同一个令人向往的净土

普者黑为彝族聚居地，普者黑也是彝语地名，意思是"盛满鱼虾的湖"。按说"水至清则无鱼"，但这个湖却清澈见底，泛舟湖面时能看到水中的鱼潜花草，其水质更是可以随手掬一捧解渴。

因与广西交界，这里也有大片喀斯特地貌，且是洞湖相连相依、群峰相连的秀美景致，孤峰屹立清澈的湖水之上，溶洞则千姿百态于湖畔，你中有我，我中有你地交错在一起。最美的季节是万亩荷花开放的夏季，荷香四溢时更给这青峰秀水添了一份幽幽的清凉。因为水域较广，所以在这里几乎以乘船游览为主要方式。可乘三四人的独木舟是当地彝族的交通工具，连卖当地美食的也是划着船在你的独木舟四周销售，泛舟湖上品尝当地的特色的水上烧烤应该是一种特别的体验吧。

普者黑

水上烧烤之所以是当地特有，是因为食物的品种都是当地的包谷、臭豆腐、洋芋和现从湖里打捞上来的鱼虾，然后在船上架火烧烤而成。连中午饭都可以在湖面的船上用这种方式解决，看着湖峰洞穴的美景，胃口也会不错的。

除了荷花盛开的夏季外，壮族的祭龙节、彝族的抹花脸、火把节、摔跤节，苗族的采花山都是这里最热闹的日子，也可以想见，这里是一个多民族的聚居地。

TIPS

◎ 贴士
普者黑的莲子粥、荷叶包鸡、荷叶饭等都是难得的美味，荷花瓣还能美容养颜，就是有些苦涩。

坝美

08

最美理由 /
　　坝美村是一个不足 10 平方公里的坝子，四周群山环抱，东北面有山崖拔地而起，如一幅水墨山水画，而喀斯特地貌使得周围群山峰奇多洞。甚至进入村庄的方式都似乎暗合了《桃花源记》，《桃花源记》仿佛是专门为坝美而作。

最美季节 / 一年四季

最美看点 / 村庄的田园之美

最美搜索 / 广南以北阿科乡和八达乡交界处

《桃花源记》仿佛是专为坝美而作的

蓝天白云在宁静的村庄如一幅画般展开

坝美汉语意为"森林中的洞口",这个村子不通公路不通电,进出村落要摸着岩壁或蹚水。据说村人是当年为躲避战乱,从广西迁徙而来。

从汤拿村进入坝美村或从落水洞进入坝美村均须穿过幽长的溶洞方可入村。整个山洞约800米长,洞中无照明、在漆黑的山腹中行船,船到洞的尽头,眼前豁然开朗,坝美这个壮族村庄展现眼前。

由于地处偏僻,与世隔绝,这里还保留着浓厚的壮族传统文化,以及独具特色的民俗活动。村里的人们基本上还沿用着300多年前的耕作方式,木犁木耙、木质水车、纺车、水磨或石墨,包括用沼气点灯、用木柴烧火做饭都让这个村庄有着古典之美,自给自足的农家生活过得悠闲自得。清澈的小河绕村而过,水车在河边静静地转动了百年。

TIPS

◎ **贴士**

1. 进了村子建议可在村民家里解决住宿。

2. 一定要去当地村民家品尝五彩饭,很有特点。

色彩滇东北

"锁钥南滇、咽喉西蜀"形容的就是滇东北要冲的地理位置和作为滇与中原贯通的咽喉地位。不论是庄硚入滇，还是徐霞客进入云南，都没能绕开滇东北的那些滇国连接中原的古道。但对于普通游客来说，这里有罗平油菜花、有陆良彩色沙林，便是够令人向往了

罗平油菜花

01

最美理由 /

　　这里是喀斯特地形，丘陵式地表遍布石林，油菜花海也随着地面的起伏而如波浪、如地毯，让花海不是平铺直叙的一望无际，而是充满了变化，这是罗平油菜花田的独特之处。

最美季节 / 2 月下旬至 4 月上旬

最美看点 / 螺丝田、金鸡日出

最美搜索 / 罗平县

春节过后，成片成片的油菜花，在绵延起伏的山丘上绽放

　　作为我国油菜生产基地、蜂产品加工基地的罗平，现在更广为人知的应该是它的油菜花海，虽然这花海最终是为了实现两个基地的经济效益。春节一过，30 万亩的油菜花便成了花的海洋，在总是晴好的蓝天下，那成片成片的金黄的油菜花在连绵起伏的山丘上形成了波浪状。从昆明出发，一过师宗，沿南昆铁路或 324 国道东行，便见浓绿的群山如花毯般柔软鲜艳的油菜花波浪。

　　最好能找座小山，然后登高远眺，这样才能把整个景致尽收眼底，花海中的玉带湖、腊山湖、湾子湖像三面镜子闪闪发光，青翠的白蜡山点缀着花海，喀斯特的锥形山此起彼伏，让花海不至于平坦无垠，而是有了线

罗平赏花攻略

城东北的金鸡峰是首选观赏地，在金鸡峰上看一望无际的油菜花海坦坦荡荡，远处有孤峰拔起，突添壮阔之感。这里是最容易出罗平花海题材的摄影作品的地方，如果遇到晴好天气"金鸡日出"则更加完美。除此之外，从县城出发，沿大水井去多伊河的途中也是一个赏美景之地。与金鸡峰不同的是，这里地形起伏大，油菜花是随地形种植呈梯田状分布，于是更富于层次和变化。城北的牛街乡则因梯田上既有油菜地，又种小麦、蔬菜等其他作物，便形成了不同色块的相互交织，是另一种韵味。

其实，乘坐从昆明到罗平的火车，快接近罗平的时候，车窗外的油菜花因富有层次也十分好。

TIPS

⊙ **贴士**

1. 罗平当地天气变化多端，一般早晨有浓雾，偶有小雨，中午多骄阳。春天的罗平温差很大，注意增减衣服。

2. 云南罗平油菜花旅游节一般每年2月21日左右开始，通常春节后油菜花就开了。要注意油菜花开花的时机，天旱暖花就开得早；迟暖的话花期就晚些。没有特定的日子，年年都不同。

3. 这里的养蜂人也是摄影的好题材。

条的变化。养蜂和养蜂人让这里多了另一道风景。春天来了，那些追蜂逐蜜的养蜂人从全国各地带来了蜜蜂，他们被称为"春天的吉卜赛人"，在油菜花丛中安营扎寨，收获春天的甜蜜。

一望无际的油菜花海

多依河

02

最美理由 /
　　河水常年晶莹剔透，沿河两岸盘根错节的千年古树，仿佛就是一座庞大的自然根雕艺术展览馆。河道蜿蜒曲折，布依村寨沿河而布，吊脚楼隐现在树丛竹林之间，一派十足的热带风光画面。

最美季节 / 一年四季

最美看点 / 喀斯特地貌、杉木林、布依族风情

最美搜索 / 陆良县三岔河镇

多依河就像一座庞大的自然根雕博物馆

　　一条由 5 个地下泉滩涌出的水汇流而成的河流，"一水合三江、清江一边淌、浑水一边流"的奇观异景就在此显现。河道上分布了 30 多个瀑布，两岸则是繁茂的热带亚热带植物群落密布，河水清澈见底。由于水出自地下，河床又多是岩石，因而在穿越的 12 公里流程中。形成了大小 50 余个钙华浅滩，清流曲折跌宕，无处不见瀑，无处不成潭。看着那典型的喀斯特地貌，望不到头的杉木林、宽大肥硕的芭蕉叶，恍如置身亚热带地区。

多依河为布依族聚集区，所以在景区入口处有一个巨大的古老水车在缓缓转动，而河边是穿着自己织染的蓝衣黑裤的布依族女子在洗衣服，孩子们在河里游泳嬉戏，一派世外桃源般的景象。

沿多依河走6公里即到三省交界，滇、桂、黔三省一衣带水，西是云南的罗平县，东是贵州的兴义市，南为广西的西林县。这段路途较远，通常有人走到一半就走不动了。其实，除了徒步外，还有骑马、三轮车或者乘竹排等方式可以到达，只要提前谈好价钱就好。多依河的尽头——三江口，因南盘江、黄泥河、多依河在此汇合而得名。

TIPS

贴士

1. 九龙瀑布和多依河是在一条线上，与鲁布革小三峡形成一个旅游环线。一般包车与上述景点一同游览一天。

2. 由县城沿大水井去多伊河风景村的途中。这里地形起伏较大，花田随地形梯田种植，富于变化，是拍照的好地方。

周边景点：九龙大瀑布

"集桂林之灵秀、版纳之风情、九寨沟之幽静、汇三峡之险峻、黄果树之雄奇"，这是游人对这个有"南国第一瀑"的九龙瀑布的赞誉。九龙瀑布在仅4公里长的河道上分布了大小数十个钙华滩和十多级瀑布，形状奇特，植被完好，在国内也属罕见。

多依河的竹排是领略两岸热带风光的最佳工具

陆良彩色沙林   03

彩色的沙林在高原的阳光下呈现着五彩缤纷的光泽

　　在云南这片神奇的土地上，聚集着许多其他地方很少见的奇特地貌，彩色沙林便是一处，而且这里的沙林多达 108 处，分布在"Y"字形峡谷中。沙林因风化剥蚀而成，为层峦叠嶂状。层层沙崖、沙柱、沙峰呈现出金黄、白、红、灰色为主调，间杂黑、青、绿、蓝等色，在高原的阳光下呈现着五彩缤纷的光泽，小雨初歇云开日出之时更加瑰丽无比，像是七彩霞光纷呈满山，并且会因季节、气候、

日照和观赏角度的不同，产生出绚丽多彩的色调来。最典型的就是那道七彩壁了，总觉得色彩迷离变化得让人看不清，故当地人称为彩色沙林。

　　山上的"惊马石"很神奇，用磁铁在峡谷石壁上轻轻一碰，就能发出千军万马的厮杀声、虎啸声与清晰可闻的鼓点声。经科学考证，这叫"感应石"，有录音功能，可随时再现古战场的声音。除这些自然景观外，沙

林还有全国最大的《爨史》浮雕；以及中央
电视台拍摄《三国演义》留下的孟获寨门、
王府以及采用《易经》原理兴建的沙林门庭。
不过这些都是人造景观，顺道看看就可以了。
只是道路错综复杂，很容易迷路。

　　这里每年都要举行沙雕比赛，来自世界
各地的沙雕艺术家用他们的想象和巧夺天工
的技艺，让这些沉默的沙石有了生命和灵魂。

陆良彩色沙林与石林、元谋土林并称"云南三林"

鲁布革小三峡

04

鲁布革烟江叠嶂，森林静谧

　　鲁布革为布依族聚居地，在布依语里，鲁是"民族"，布是"山清水秀"，革是"村寨"，就是说，鲁布革是一个"山清水秀的村寨"。这样的村寨在云南并不鲜有，所以鲁布革也是名不见经传，随着鲁布革电站的兴建也让这个籍籍无名的村庄声名远扬了。

　　深藏在山腹中的鲁布革电站是一座现代化"地下宫殿"电站，两座世界第二、亚洲第一的输电斜塔耸立在绝壁顶上。而人们泛舟畅游的乌蒙鲁布革小三峡则是"高峡出平湖"的典范。长达20公里的鲁布革电站库区的"雄狮峡""滴灵峡"和"双象峡"都可以乘游船游览。峡内烟江叠嶂，峭壁千仞。沿岸森林覆盖，林间静谧幽深，莺啼鸟鸣，山峰奇秀无比。在峰峦河流间，喀斯特岩溶地貌迷人的石芽与孤峰、峰林与峰丛地貌，有如大自然鬼斧神工雕塑而成的仙境。

　　从县城至鲁布革景区有两条路：一条是沿324国道经金鸡、板桥至羊脚洞进入景区，沿途有金鸡独立、峰林、峰丛、犀牛岭等景点；另一条是沿鲁布革电站柏油路经新寨、芭蕉寨、多依，乃格乃大坝进入景区，沿途有十万大山、多依布依村寨、鲁布革电站、黄泥河峡谷等景点。

多依河鲁布革景区

项目策划： 王颖
责任编辑： 王欣艳
文字作者： 《图行世界》编辑部 徐明 赵宇
图片作者： 于怀滕 卫华 刘凤玖 刘建明 黄橙 刘湘波 赵宇 陈文杰
汉华易美 全景 达志影像 /shutterstock
装帧设计： 何睦
责任印制： 闫立中

图书在版编目（CIP）数据

云南：时光停留的地方 /《图行世界》编辑部编著
. -- 2 版 . -- 北京：中国旅游出版社，2015.8（2022.1重印）
（图行世界）
ISBN 978-7-5032-5341-6

Ⅰ . ①云… Ⅱ . ①图… Ⅲ . ①旅游指南—云南省
Ⅳ . ① K928.974

中国版本图书馆 CIP 数据核字 (2015) 第 111168 号

书　　名： 云南 时光停留的地方

作　　者： 《图行世界》编辑部编著
出版发行： 中国旅游出版社
（北京静安东里6号 邮编：100028）
http://wwww.cttp.net.cn E-mail:cttp@mct.gov.cn
营销中心电话 010-57377108
经　　销： 全国各地新华书店
排　　版： 北京红方众文科技咨询有限公司
印　　刷： 三河市同力彩印有限公司
版　　次： 2015 年 8 月第 2 版　 2022年 1 月第 2 次印刷
开　　本： 787 毫米 ×1092 毫米　 1/16
印　　张： 18
字　　数： 250 千字

定　　价： 59.00 元

ISBN　 978-7-5032-5341-6